BALCHDER ERIN

W. C. ELVET THOMAS

Christopher Davies
Abertawe

ARGRAFFIAD CYNTAF 1978

Cyhoeddwyd gan
Christopher Davies (Cyhoeddwyr) Cyf
4/5 Thomas Row
Abertawe SA1 1NJ

ISBN 0 7154 0468 7

*Argraffwyd gan
Wasg Salesbury Cyf
Llandybïe, Rhydaman
Dyfed*

BALCH DER ERIN

Er Cof Am Fy Rhieni
a'm Brawd Arthur

CYNNWYS

DIOLCHIADAU

Dymunaf gydnabod yn ddiolchgar y gefnogaeth a gefais wrth baratoi'r gyfrol hon.

Y mae fy niolch yn arbennig i Mr. J. Brynmor Jones, Llyfrgellydd Cymraeg Llyfrgell Dinas Caerdydd am fy nghynorthwyo i ddod o hyd i'r ffynonellau angenrheidiol, i'r Dr. Gwilym Rees Hughes am ei anogaeth gyson ac i'm gwraig am lawer awgrym gwerthfawr a'i chymorth gyda'r proflenni: ond y mae fy niolch pennaf i Mr. Alan Llwyd am lywio'r llyfr drwy'r wasg gyda'i drylwyredd arferol. Bu ei ddiddordeb a'i gymorth parod bob amser yn wir ysbrydiaeth.

RHAGYMADRODD

'Draw dros y don' y mae Iwerddon. Er gwaethaf hanes trist yr ynys a'r erchyllterau y clywn amdanynt bron bob dydd, 'bro dirion' yw Iwerddon i'r rhai sy'n ei hadnabod yn dda a hawdd, er ei holl ffaeleddau, yw ei charu. Ni bûm erioed yng Ngogledd Iwerddon ond oddi ar fy nyddiau cynnar bûm ar ymweliadau mynych â Gweriniaeth Iwerddon a dysgais lawer am y Gwyddyl. Deuthum, er enghraifft, i wybod am eu mwyneidd-dra a hefyd am y gwladgarwch a'u harweiniodd weithiau i eithafion nas gwelwyd ac nas gwelir, gobeithio, yng Nghymru. Mawr fu'r croeso a gefais ganddynt—o brifddinas Dulyn i'r lleiaf o ynysoedd Aran. Yn y blynyddoedd diwethaf hyn bu llawer o ymweled â'r Weriniaeth ac y mae ein pobl ieuainc yn arbennig yn ymwybodol iawn o rai o'r cysylltiadau pwysig sydd rhwng Cymru ac Iwerddon. Er hynny, ychydig a wyddys am Iwerddon ac y mae llawer o'i henwogion na wŷr y Cymro cyffredin ddim amdanynt, ac nid yr enwog yn unig ychwaith sy'n haeddu sylw. Yn y gyfrol hon cyflwynir rhai ohonynt, llenorion gan mwyaf, ond y mae eraill hefyd sy'n haeddu sylw yn rhinwedd eu gweithredoedd.

W.C.E.T.

Pennod I

Y BRAWD LLWYD

Pan wyf mewn gwlad neu le dieithr, nid wyf yn hoffi cael fy nghymell i ymweld â'r hyn y disgwylir i'r twrist ei weld a chadw draw oddi wrth bopeth a phob man arall. Nid yw pob gwlad na phob tref yn rhy chwannog i chwi weld *popeth*. Y mae'n iawn i chwi weld y gogoniannau a hysbysir ar bosteri ac mewn llyfrynnau a phamffledi, ond nid oes groeso i chwi wthio'ch trwyn ymchwilgar i bob twll a chornel.

Un haf pan oeddwn yn Nulyn, penderfynais yr ymwelwn â rhai o'r slymiau gwaethaf, slymiau sydd, lawer ohonynt, wedi diflannu erbyn hyn, neu wedi'u gweddnewid a'u troi'n gartrefi gwell neu'n swyddfeydd. Yn Nulyn, fel y gŵyr unrhyw un sydd wedi bod yn y ddinas honno, y mae llawer o dai tal sy'n mynd yn ôl i gyfnod y Sioriaid, tai o frics tywyll a thyllau hirsgwar yn y muriau i'r ffenestri. Moel a diaddurn o'r tu allan oeddynt o'r dechrau, ac y mae'n syndod i mi fod y Gwyddyl, sydd ag ymdeimlad dwfn â cheinder pethau, wedi codi cynifer o'r tai hyll hyn. Ond nid hagrwch llwyr, ychwaith, yw tu allan y tai. Y mae un prydferthwch nodedig yn perthyn iddynt, sef pyrth y tai. Pan godwyd y tai hyn, boneddigion oedd yn byw ynddynt, ac y mae'n debyg bod ysblander y tu mewn iddynt yn nyddiau eu gogoniant, ond y mae hynny i gyd wedi hen ddiflannu. Fel y ciliodd y boneddigion a'r crach foneddigion o'r adeiladau trowyd hwy'n daiannedd i'r cyffredin, i'r didoreth, i'r diddim a'r tlawd. Disgrifiwyd eu trueni gan lawer o'r llenorion Eingl-

Wyddelig, a phortread trist a geir ohonynt â'u heidiau o dlodion yn pentyrru ar ben ei gilydd. Teimlwn, tybed nad yw rhai o'r llenorion, efallai, wedi gorbeintio'u darluniau o'r malltod, a'r budreddi, a'r meddwi, a'r caledi sy'n dilyn cael llawer o blant heb hanner digon o arian i'w cadw, ac felly, un prynhawn poeth, euthum i weld drosof fy hun.

Rhaid fy mod wedi taro ar un o'r slymiau gwaethaf oll. Tai uchel oeddynt, wrth gwrs,—rhyw dri neu bedwar llawr—a llawer heb ddangos fod unrhyw ymgais wedi'i gwneud i'w cadw'n lân. Nid mor hawdd yw cadw'n lân. Pan fo sebon yn ddrud a phan fo amryw deuluoedd mewn tŷ, a thapiau dŵr mewn un neu ddwy ystafell yn unig ni all pethau ond bod yn anodd. Amgylchfyd i dorri calonnau'r gwragedd a'r mamau oedd yma. A defnyddio un o eiriau Sir Benfro, yr oedd y stryd yn ddigon i 'ddanto' hyd yn oed y dewraf a chwalu pob gobaith am ddyddiau gwell. Wedi blino ceisio bod yn barchus nid oedd dim yn haws na syrthio i'r pydew isaf. Yr oedd y glawogydd a bysedd gwyntoedd y blynyddoedd wedi gwneud eu hôl, wedi treiddio o dan lechi toeon a dwyn pydredd i fframau ffenestri nas peintiwyd ers cenedl-aethau, gallwn feddwl. Yn y stryd yr oedd plant ym mhob man—rhai'n cicio pêl ac eraill, o ddiffyg pêl, yn cicio hen dun, a rhai'n cymryd rhan mewn rhyw chwaraeon eraill na welwn i lawer o bwrpas iddynt oddieithr rhoi cyfle i'r plant wneud digon o sŵn—gweiddi a chwerthin. Synnwn o ble y câi'r plant afiaith ac egni ar ddiwrnod mor boeth, ond yn sydyn, fel y cerddwn i lawr y stryd gan geisio peidio â thynnu gormod o sylw ataf fy hun, gwelais yr hyn na allaf fyth ei anghofio.

Ar ben rhes o risiau a arweiniai i gyntedd hardd un o'r tai tlotaf ei olwg eisteddai Brawd Llwyd ieuanc, barfog, golygus. Eithr nid y ffaith fod un o Urdd Ffransis o Assisi yn eistedd yno ar ben grisiau yn yr heulwen a dynnodd fy sylw fwyaf ond fod ganddo, yn lled-orwedd ar draws ei liniau, ŵr ieuanc tua'r un oed ag yntau; ac yr oedd yn amlwg i mi ar yr olwg gyntaf fod y gŵr ieuanc hwn yn marw. Yr oedd mor denau ag ysgerbwd. Gallwn weld wrth ei goesau a'i freichiau nad oedd ond croen ac esgyrn. Yr oedd y truan yn hollol ddiymadferth—nid oedd ganddo'r nerth i ynganu gair, dim ond edrych â dau lygad mawr ar y Brawd Llwyd oedd yn ei ddal. Ni allwn beidio â gofyn i mi fy hun ble'r oedd y teulu, os oedd ganddo deulu. Os oedd ganddo fam neu dad, chwiorydd a brodyr, ble yn y byd oeddynt ar yr awr hon o'i argyfwng blin? Dichon mai yn ddigwmni a diymgeledd y buasai oni bai i'r Brawd Llwyd ei gario allan i ddrws y tŷ i gael tipyn o awyr y prynhawn trymaidd hwn. Nid ym-ddangosai fod gan neb ddiddordeb yn nhynged y gŵr ifanc—neb ond y Brawd Llwyd. Yn sicr ni hidiai'r plant ddim a phan gyrhaeddais i'r fan dyna lle'r oedd y Brawd Llwyd ieuanc yn magu'r truan ac ni allai'r fam dyneraf fod yn fwy caredig ac addfwyn wrtho. Sibrydai eiriau o gysur wrtho. Tynnai ei law dros ei dalcen. Tynnai ef ato fel mam yn anwesu ei phlentyn. Yr oeddwn yn dyheu am fynd at y Brawd Llwyd a gofyn a oedd rhywbeth y gallwn i ei wneud, ond gwyddwn nad oedd dim bellach y gallai neb ei wneud, ac ofnwn darfu ar gysegredigrwydd yr hyn a welwn.

Cerddais ymlaen ychydig gamau ac aros fel pe bawn yn disgwyl cwrdd â rhywun—ond aros i syllu mewn edmygedd a rhyfeddod a gostyngeiddrwydd ar dosturi'r Brawd Llwyd a wnawn. Nid wyf yn credu iddo sylwi fy mod gerllaw—yr oedd wedi ymroi'n llwyr i geisio lleddfu gwewyr olaf y claf ar ei arffed. Gwyddwn y byddai Ffransis o Assisi yn falch iawn o arddel y Brawd teilwng hwn. Gallwn weld yr hyn a ddigwyddai a chlywed ychydig hefyd, ac ym mhen rhai munudau yr oedd yn amlwg fod y diwedd yn dod. Er na allwn glywed yn glir yr hyn a ddywedai'r Brawd Llwyd gan mai'n dawel iawn y llefarai, clywais ddigon i sylweddoli mai gweddïo gollyngdod a maddeuant i'r un oedd yn marw a wnâi. A marw a wnaeth y gŵr ifanc—yno ar arffed y Brawd Llwyd, ar ben y grisiau y tu allan i ddrws un o'r tai tal, budr yn un o slymiau gwaethaf Dulyn. Rhoes y Brawd Llwyd, gyda'r tynerwch mwyaf, y corff i orwedd ar y gris uchaf, gwthiodd y drws yn agored ac i mewn ag ef i'r tŷ. Nid arhosais i weld pwy a ddeuai allan i nôl y corff.

Ac yn y stryd islaw parhâi'r plant i gicio pêl a chicio tun a chwerthin a gweiddi yn gwbl ddi-hid. Amdanaf i fy hun, gwyddwn fy mod wedi gweld golygfa fythgofiadwy—y dristaf a'r harddaf a welais yn Iwerddon y flwyddyn honno.

Pennod II

Y GYLLELL

Un o'r pethau sy'n nodweddiadol o'm pobl i, sef pobl Dyfed, yw eu parodrwydd i siarad a'u hawydd i ddweud stori neu adrodd rhyw hanes am hwn a'r llall. Nid yw'n syndod i mi mai gŵr o Ddyfed a roes inni'r Mabinogion fel y maent gennym heddiw. Y mae yn Sir Benfro heddiw ffermwyr o Gymry Cymraeg sy'n bencampwyr ar adrodd hanesyn ac yn cael blas arni hefyd. Hoff ganddynt ramantu a gwau drama am rai o ddigwyddiadau symlaf a mwyaf cyffredin bywyd. Tebyg iawn iddynt y gwelais i'r Gwyddyl.

'Rwy'n credu mai yng ngwersyll yr Urdd pan oedd y gwersyll ym Mhorth Dinllaen, yn Arfon, y cwrddais i â'r Gwyddel yr wyf yn mynd i sôn amdano nawr. Yr oedd yn ŵr canol oed pan ddeuthum i'w adnabod ac os yw byw heddiw rhaid ei fod yn hen hen iawn. Wedi dychwelyd adre i Iwerddon dechreuodd ysgrifennu ataf a phob Nadolig am flynyddoedd cawn gerdyn tlws i'w ryfeddu a phob gair yn yr Wyddeleg. Gŵr cadarn, cryf, talach na'r cyffredin oedd,—un o Orllewin Iwerddon lle ceir llawer o bobl gydnerth. 'Rwy'n credu ei fod yn enedigol o un o ynysoedd Aran. Yr oedd ganddo ddawn anghyffredin i chwerthin yn iachus. Yr oedd ei lygaid, hyd yn oed, yn chwerthinog. Gwelai'r ochr ddigrif i bethau a phan chwarddai teimlwn nad oedd yr hen fyd yma cynddrwg wedi'r cwbl.

Pan glywodd, un haf, fy mod yn bwriadu treulio fy ngwyliau yn Iwerddon, ysgrifennodd i ddweud na roddai

17

dim fwy o bleser iddo na dangos i mi rai o'r lleoedd yn Nulyn (gan mai yn Nulyn y byddai ef ar y pryd), sydd, ac a fydd, yn enwog am byth oherwydd eu cysylltiadau â brwydr Iwerddon am ei rhyddid o hualau gormes Llywodraeth Lloegr. Penderfynais felly fod yn rhaid i mi fynd eto i Ddulyn, a threfnais gwrdd ag ef yn gynnar un prynhawn tu allan i brif fynedfa Coleg y Drindod yng nghanol y brif-ddinas. Gan nad hwn oedd y tro cyntaf i mi fod yn Nulyn, gwyddwn eisoes am y prif leoedd a gysylltir â Gwrthryfel Pasg 1916, ond gan fod fy nghyfaill o Wyddel, ef ei hun, wedi bod yng nghanol y frwydr, teimlwn fod gennyf arbenigydd i'm tywys o gwmpas. Felly, am ddau o'r gloch un prynhawn heulog, yr oeddwn yn brydlon tu allan i'r Coleg. Nid yw'r Gwyddyl, na'r Llydawiaid ychwaith, yn rhy chwannog i fod yn brydlon, a gellir dweud yr un peth am-danom ni'r Cymry, ond ni allwn gwyno y tro hwn. Ni bu'n rhaid i mi aros ond rhyw bum munud a dyma fy nghyfaill yn dod. Gwisgai yr hyn a alwai'n wisg Wyddelig—cilt o ddeu-nydd gwyrdd plaen a siaced debyg i'r math o siaced a wisgir gyda'r cilt yn yr Alban. Gwisgai hosanau o wlân llwyd golau ac yn ei hosan dde, rhwng yr hosan a'i goes, yr oedd cyllell—nid y *skean dhu*—y 'gyllell ddu' addurnol y mae'r Scotiaid yn ei rhoi yn eu hosanau ond cyllell tua'r un faint â'r *skean dhu*, dybiwn i. Ychydig iawn o wŷr a welais i yn gwisgo'r wisg hon ar wahân i aelodau bandiau a orym-deithiai'n aml yn y prif strydoedd. Braidd yn ddigrif yr ym-ddengys rhai gwŷr canol oed mewn cilt, yn enwedig os ydynt yn wŷr boliog, mawr. Ond er ei fod, fel y dywedais, yn ganol oed, edrychai fy nghyfaill yn ardderchog yn y wisg. Nid oedd unrhyw awgrym o dewdra ynddo. Ac yntau'n dal ac yn osgeiddig ei gerddediad yr oedd yn greadur gwerth sylwi arno. Esboniodd wrthyf mai'r wisg a wisgai'r diwrnod hwnnw oedd gwisg y gangen o'r Mudiad Ieuenctid cenedl-aethol yr oedd ef yn ei rhedeg.

A thrwy'r prynhawn hwnnw aeth â mi trwy labrinth o

strydoedd yng nghanol Dulyn, gan ddangos i mi nid yn unig leoedd sy'n gysylltiedig ag enwogion Gwrthryfel Pasg 1916 ond amryw leoedd y bu ef ei hun ynddynt yr adeg enbyd honno. Dangosodd i mi hofel o dŷ tlawd lle llwyddodd drwy ystryw a dewrder hen wraig i ymguddio a thrwy hynny i ddianc pan oedd ar fin cael ei ddal gan ryw filwr o Sais. Yr oedd y tŷ hwn yn agos i Eglwys Gadeiriol Sant Padrig, a chan fod drws yr Eglwys ar agor i mewn â ni, er i mi fod yno o'r blaen ar fy mhen fy hun.

Yn yr Eglwys Gadeiriol hon y bu Jonathan Swift yn ddeon ac yma y gorwedd ei weddillion a'r 'anwar ddigllonedd' a'i poenai gymaint wedi'i hen ddofi; ac yma hefyd yr huna Stella, anwylyd ei galon chwerw. Bu bonedd trahaus y Sefydliad Estron yn fawr eu rhwysg yn yr eglwys hon am genedlaethau lawer, ond erbyn hyn dim ond rhyw ddyrnaid sy'n ei mynychu, a llawenydd mawr i'm cyfaill oedd hynny. Teimlai ef y dylai Eglwys Loegr yn Iwerddon Rydd gyflwyno'r eglwys gadeiriol i'r Eglwys Gatholig gan y byddai'r Catholiciaid yn gallu ei llenwi ar y Sul, ond, wrth gwrs, meddai ef, pe gwneid hynny byddai'n rhaid symud llawer o'r cerfddelwau sydd yno o wŷr a 'anrhydeddwyd' am gadw Iwerddon yn ddidrugaredd dan draed. Teimlwn na roddai dim fwy o foddhad i'r Gwyddel hwn na malu'n deilchion ambell gerflun o Sais. Yr oedd yn amlwg wrtho ei fod yn annifyr yn yr eglwys; yr oedd yr holl awyrgylch yn syrffed iddo. 'Gadewch inni fynd,' meddai, ac allan â ni a thrwy ragor o strydoedd i gyfeiriad Afon Liffi. Weithiau, cyfeiriai at leoedd y bu arwyr fel Rory O'Connor a Cathal Brugha â chysylltiad â hwy, a gallwn synhwyro ei fod yn cofio'u haberth gyda'r parch dyfnaf. Siaradai'n uchel gan ddramodeiddio ambell i sefyllfa. Nid wyf yn credu am foment mai rhamantu ynghylch ei arwyr a wnâi, ac nid chwerthin a wnâi yn awr eithr siarad â rhyw ddwyster yn ei lais Cyn bo hir, dyma ni'n cyrraedd yr afon ac yn dechrau croesi un o'r amryw bontydd sydd drosti yn y rhan yma o

Ddulyn. Pan oeddem ar ganol y bont dyma fy nghyfaill yn sefyll yn stond ac yn edrych dros y ganllaw ar ddŵr brown yr afon. Yn sydyn, dyma fe'n gwneud peth gwirioneddol ddramatig. Tynnodd y gyllell o'i hosan, daliodd hi i fyny a chusanodd hi. Gwelais yn awr mai math o ddagr oedd y gyllell. 'Â'r gyllell hon, yn y fan hon,' meddai ef, 'fe leddais i Sais. Oni bai am y gyllell hon ni fyddwn i yma nawr.'

Er yr holl ystum ddramatig, nid actio yr oedd ac nid oedd awgrym o orfoledd yn ei lais. Ni allwn i ond syllu'n fud a sylwi fod rhyw boen a thosturi, bellach, yn y llygaid a oedd fel arfer mor chwerthinog.

Ac yno ar ganol y bont, dywedodd wrthyf sut a phaham y bu'n rhaid iddo yn y fan a'r lle gymryd bywyd y Sais. Digwyddodd y peth pan oedd yn ffoi rhag cael ei ddal gan filwyr Lloegr. 'Roeddwn yn meddwl,' meddai, 'fy mod wedi llwyddo i ddianc ond yn sydyn, pan oeddwn wedi cyrraedd hyd yma, sylwais fod milwr o Sais hefyd ar y bont ac yn dod o'r ochr arall i gwrdd â mi. Gwelais ef yn codi ei ddryll ac yn anelu ataf. Mewn amrantiad sgrechais nerth fy mhen—rhyw sgrech anwar, annaearol, sgrech anifail wedi'i gornelu. Rhaid ei bod wedi gwneud i'r milwr betruso foment ond roedd hynny'n ddigon, a chyn iddo dynnu'r triger roeddwn wedi rhuthro ato a'i hyrddio i'r llawr. Roedd y gyllell hon, fy unig arf, yn fy mhoced a rhywsut, yn otomatig, tynnais hi allan ac â'm holl nerth gwthiais hi i mewn i'w gorff, do, hanner dwsin o weithiau. Rhaid fy mod wedi trywanu ei galon, oherwydd rhoes y bachgen—dyn ifanc oedd y milwr—un ochenaid ddofn a gwyddwn fy mod wedi'i ladd. Am y tro cyntaf, lliniarodd fy nghynddaredd a chodais fy llygaid i weld a oedd rhywun arall yn dod. Drwy lwc, nid oedd neb gerllaw, a heb betruso ennyd codais y corff a theflais ef dros y ganllaw yma i mewn i'r afon a'r ddryll ar ei ôl. Roeddwn yn waed i gyd, gwaed ar fy nwylo, gwaed ar fy nillad, gwaed y bachgen ifanc o Sais.' Yr oedd y boen yn ei lygaid wrth gofio'r hyn a wnaethai yn dyst i'w eirwiredd. Yr oedd yn amlwg na allai byth anghofio'r erchylltra ar y bont, ond wedi dweud yr hanes ymsioncodd eto ac ychwanegodd: 'Rych chi'n gweld. Fi neu fe oedd hi . . . a . . . dyma fil'

Nid wyf yn cofio beth a ddywedais i wrtho, dim ond mwngial ebychiadau fel 'profiad ofnadwy', 'profiad dychrynllyd', 'profiad erchyll.' Pan gerddasom i ffwrdd esboniodd yn fyr iawn sut y bu iddo lwyddo i gyrraedd ochr arall yr afon a gwneud ei ffordd yn ddiogel i dŷ y gwyddai y câi swcwr ynddo a lle y gallai olchi'r gwaed oddi ar ei ddwylo ac oddi ar ei ddillad. Nid oedd yn ymffrostio yn ei weithred ac ni allwn beidio â meddwl am un o'm hathrawon Ysgol Sul yng Nghaerdydd pan oeddwn yn blentyn. Brolio ac ymfalchïo am y nifer o Almaenwyr a laddasai yn Rhyfel 1914-18 a wnâi ef a hynny wrth ei ddosbarth yn yr Ysgol Sul! Yr oedd yntau hefyd yn ŵr chwerthinog ond nid wyf yn cofio unrhyw awgrym o dosturi na phoen yn ei lygaid ef.

Pennod III

EGAN O'RAHILLY

Mae'n debyg mai ychydig iawn o Gymry a glywodd erioed am Egan O'Rahilly. Er ei fod yn bwysig yn hanes Iwerddon ychydig iawn a wyddys am ei fywyd hyd yn oed yn Iwerddon ei hun. Ni ŵyr neb i sicrwydd ddyddiad ei eni ond credir mai 1670 yw'r flwyddyn. Ni wyddys ychwaith ym mha le y ganed ef. Ni chofnodwyd enw'r pentref neu'r dreflan. Mae'n bur sicr er hynny mai yn swydd Kerry y ganed ac y magwyd ef. Yn ôl pob tebyg, ganed ef yn ardal Sliabh Luachra—ardal i'r gorllewin o Cilarne, lle sydd erbyn hyn yn dechrau dod yn gyfarwydd i lawer o Gymry ieuainc. Fel bardd o swydd Kerry yr adwaenir ef ac nid ymddengys iddo erioed grwydro o dalaith Munster. Tu allan i'r dalaith honno mae'n amheus a wyddai neb ddim amdano hyd yn oed yn ystod ei fywyd. Ni wyddom ym mha le y bu farw na pha bryd ond dywed traddodiad mai yn abaty Muckross, yng nghorff yr eglwys, y claddwyd ef ac mai ym 1726 yr oedd hynny. Ychydig sydd ar gael o hanes ei fywyd ar wahân i'r hyn y gellir ei gasglu o ddarllen ei gerddi.

Ym 1898 ffurfiwyd cymdeithas i gyhoeddi llawysgrifau Gwyddeleg ynghyd â chyfieithiadau lle'r oedd angen. Yr *Irish Texts Society* oedd hon a'i llywydd oedd Douglas Hyde. Ar y pwyllgor yr oedd John Rhys (Syr John Rhys wedi hynny) ac ymhlith yr aelodau yr oedd Thomas Powel, Caerdydd, P. H. Pearse, Lady Gregory ac Alfred Percival Graves, tad Robert Graves. Ym 1900 cyhoeddodd y gymdeithas, dan olygyddiaeth y Tad Patrick S. Dinneen, gasgliad o gerddi gan O'Rahilly a gwelwyd ar unwaith fod iddo le pwysig yn hanes llenyddiaeth yr Wyddeleg. Cyn hyn nid oedd yn hysbys ond fel awdur rhyw dair o gerddi ac ni chyfeirid ato ond fel bardd o swydd Kerry a berthynai i'r ddeunawfed ganrif ond yn awr dyma gyhoeddi dros hanner cant o gerddi dan ei enw ef a llawer ohonynt yn gerddi arbennig iawn. Y cerddi hyn, felly, a ddaeth ag enwogrwydd i Egan O'Rahilly.

Ef oedd un o'r diwethaf i ysgrifennu yn yr hen draddodiad Gwyddelig. Mae'n bwysig am iddo fyw ei fywyd ac ysgrifennu ei gerddi fel bardd yr uchelwyr. Yn yr Wyddeleg yn unig yr ysgrifennodd. Mae'r holl gerddi a briodolir iddo ef y gallwn eu darllen heddiw ac a gyhoeddwyd ym 1900 wedi dod 'lawr i ni naill ai ar lafar—o dad i fab—neu mewn llawysgrifau. Cyfansoddai beirdd Gwyddeleg y cyfnod eu penillion i'w canu neu i'w hadrodd ar goedd—nid i'w darllen. Nid oedd ganddynt unrhyw fodd i'w hargraffu na'u casglu yn llyfrau. Mae'n wir yr arferai'r beirdd cyn dyddiau O'Rahilly grwydro Iwerddon a chwrdd â beirdd eraill a chyfnewid cerddi a thrwy wneud hynny helpu i greu llenyddiaeth genedlaethol Wyddeleg. Aros ym Munster a wnaeth O'Rahilly. Mae'n wir hefyd fod eraill ar ei ôl—heb sôn am feirdd modern a diweddar—wedi barddoni yn yr Wyddeleg. Dyna e.e. Bryan Merriman (1747-1805) a ysgrifennodd gerdd hirfaith yn yr Wyddeleg cyn diwedd y ddeunawfed ganrif, ac Eileen O'Leary (modryb Daniel O'Connell) a ganodd alarnad hir i'w phriod, Art O'Leary, a oedd ar herw ac a laddwyd yn swydd Corc ym 1773 am iddo wrthod gwerthu ei gaseg i Brotestant am bum punt. Nid oedd gan Babydd mo'r hawl i berchenogi ceffyl gwerth mwy na hynny. A dyna'r bardd dall, Antony Raftery (1784-1835) y casglwyd ei gerddi oddi ar lafar pobl y Gorllewin gan Douglas Hyde. Ond Egan O'Rahilly oedd gyda'r olaf os nad yr olaf un o feirdd yr uchelwyr. Hwy oedd ei noddwyr a dibynnai arnynt am ei fywoliaeth.

Cyn marw O'Rahilly roedd hen fyd y Gwyddel wedi diflannu bron yn llwyr. Gwelodd yr ail ganrif ar bymtheg ddechrau'r diwedd ar yr hen wareiddiad Gwyddelig a roes fri am ganrifoedd ar yr Wyddeleg. Dichon y gellir olrhain dechrau'r dirywiad ofnadwy i frwydr Kinsale, 1602, lle gorchfygwyd y Gwyddyl, a rhai o'r arglwyddi Catholig wedyn ym mhen ychydig flynyddoedd yn dianc o'r wlad. Erbyn 1649 roedd Oliver Cromwell yn Iwerddon ac ym 1690 gorchfygwyd Iago II a'i fyddin Gatholig o Wyddyl a Ffrancod ym mrwydr Boyne—y frwydr y mae Protestaniaid Wleth (Ulster) yn dathlu eu buddugoliaeth bob blwyddyn gyda chymaint o rwysg peryglus. Wedi torri Cytundeb Limerick (1691) gan y Saeson roedd hi'n waeth ar y Gwyddyl Pabyddol nag yr oedd ar y dynion duon yn nhal-eithiau deheuol America pan oedd caethwasiaeth ar ei gwaethaf. Ym 1695 hwyliodd 'Y Gwyddau Gwylltion,' fel y'u gelwir, o harbwr Corc gan adael Iwerddon heb arwein-wyr ac at drugaredd lluoedd Lloegr. Chwalwyd hen deulu-oedd aristocrataidd y Gwyddyl a dymchwelwyd eu cartrefi, y tai mawr a fu'n noddfa i'r beirdd, neu eu rhoi ynghyd â'u tiroedd a'u fforestydd i ymsefydlwyr o Saeson. Ym 1695 daeth y Deddfau Penydiol a'i gwnaeth yn amhosibl i Wyddel o Babydd feddiannu eiddo ac yn amhosibl iddo fod yn aelod o unrhyw alwedigaeth broffesiynol. Roedd yn rhaid i'r pendefigion a ddymunai aros yn Iwerddon wneud un o ddau beth, naill ai newid eu crefydd a throi'n Brotestaniaid neu ddysgu byw fel y werin. Pa ddewis bynnag a wnaent, collodd y beirdd y noddwyr y buont yn dibynnu arnynt. Nid oedd neb bellach i dalu iddynt am eu cerddi, a thalu â gwartheg oedd hen arfer rhai o'r gwŷr mawr; nid oedd neb i wrando ar eu marwnadau na rhoi to uwch eu pennau. Yn y dull hwn fe ddarfu am alwedigaeth y bardd a fu mor bwysig yn Iwerddon Wyddeleg ei hiaith a distrywiwyd un o draddodiadau hynaf Ewrob.

Ni ddigwyddodd hyn ar unwaith. Parhâi Iwerddon yn wlad o stadau bychain ac nid estynnai cyfraith Lloegr i bob cwr o'r wlad. Yn y mannau mwyaf diarffordd a oedd ymhell o Ddulyn digwyddodd i'r hen drefn wrthsefyll y drefn newydd—am gyfnod beth bynnag. Daeth Munster a rhai o ardaloedd y gogledd-orllewin yn noddfa olaf byd yr Wyddeleg. Llwyddodd ychydig o deuluoedd 'mawr' i gadw eu tai a'u tiroedd ac yr oedd ychydig o feirdd yn mentro canu iddynt fel y gwnaent dros y canrifoedd. Mewn byd o'r fath yr oedd Egan O'Rahilly yn byw, a'r hyn a garai gymaint yn darfod o'i amgylch. Nid rhyfedd felly fod y rhan fwyaf o'i gerddi yn drist a chwerw; ni allent fod yn amgen, o gymharu cyflwr truenus y wlad fel y gwelai ef hi â'r hen syberwyd a fu:

> Gwlad dlawd, gystuddiol, unig ac arteithiol!
> Gwlad heb ŵr, heb fab, heb wraig!
> Gwlad heb rym, heb ysbryd, heb wrandawiad!
> Gwlad lle na wneir cyfiawnder â'r tlodion!

Buasai Munster unwaith yn dalaith a allai godi byddin i wrthsefyll y goresgynwyr ond nid oedd arweinwyr mwyach ac nid oedd teulu Mac Carthaigh Mór i'w hamddiffyn. Hiraethai O'Rahilly o golli un a oedd yn amlwg yn arwr yn ei olwg. 'Pe bai ef byw ni byddai fy mhlant yn hir mewn tlodi' oedd ei gwyn drist. Aethai ystadau ei wron i deulu o dras Seisnig o'r enw Brown. Teimlai O'Rahilly a'i debyg eu bod hwy eu hunain cystal unrhyw ddiwrnod â'r hen arglwyddi o Wyddyl ac yn llawer gwell na'r crachfoneddigion o Saeson a oedd yn cymryd eu lle. Ond roedd yn rhaid i'r bardd, os oedd i fyw, wrth noddwr a dalai iddo am ysgrifennu. Roedd un peth yn ffafr y teulu Brown yma—y newydd-ddyfodiaid. Roeddynt yn gallu siarad Gwyddeleg ac efallai, oherwydd eu bod mor bell o Ddulyn, roeddynt yn Babyddion hefyd.

Ceisiodd O'Rahilly wneud y gorau o bethau fel yr oeddynt a phenderfynodd roi ei deyrngarwch i'r teulu Brown. Aeth **Nicholas Brown, Arglwydd Kenmare mor bell â rhoi ei** gefnogaeth i'r Brenin Iago yn y rhyfeloedd a dygwyd yr ystadau oddi arno o'r herwydd. Daeth tro eto ar fyd, er hynny, a chafodd mab Nicholas, sef Valentine Brown, a fu'n treulio ei ieuenctid ar herw oherwydd y ddedfryd ar ei dad, yr etifeddiaeth a'r teitl yn ôl. Yn nhermau ein dyddiau ni, enillodd y mab ffafr y sefydliad ond erbyn hynny nid oedd y Plas yn ganolfan i ddiwylliant a gwareiddiad Gwyddeleg. Ni allai O'Rahilly, ysywaeth, droi at neb arall. Rhaid cyfaddef hefyd fod y bardd yn dipyn o snob ac ym 1720 sgrifennodd *Epithalamium* i'r arglwydd, cerdd mewn Gwyddeleg i'w gyfarch ar ei briodas. Cawn weld eto sut yr ymddug y Brown hwn tuag at Egan O'Rahilly pan ddaeth yn ddyddiau blin ar y bardd.

Mae lle i gredu bod amgylchiadau'r bardd yn ei ddyddiau cynnar yn eithaf cyffyrddus. Cafodd yn ddiamau addysg dda ac y mae'r dyfyniadau o'r clasuron sydd yn ei waith a'r mynych gyfeiriadau yn dangos ei wybodaeth o'r clasuron. Mae ei wybodaeth drylwyr o'r Wyddeleg yn amlwg. Roedd yn wir athrylith ond heb astudiaeth fanwl o'r iaith ni byddai wedi ennill y fath feistrolaeth arni. Ymddengys hefyd ei fod yn gwybod Saesneg. Dywedir am Cilarne yn y cyfnod hwn ac ychydig yn ddiweddarach ei bod yn fath o brifysgol Wyddeleg. Dysgid y clasuron a pharatoid ymgeiswyr am urddau eglwysig. Gwneid astudiaeth hefyd o farddoniaeth Wyddeleg a'i rheolau cymhleth.

Gellir rhannu gwaith O'Rahilly yn dri dosbarth—telynegion, marwnadau a dychan. Mae iddo le uchel fel bardd telynegol. Mae llawer o'i ddarnau yn rhai byrion heb unrhyw drefn arbennig. Taflai linell neu gymal i mewn weithiau i lanw bwlch neu i gadw'r mydr i 'fynd' ond daw ei feddyliau yn syth o'r galon a chânt eu mynegi'n gain ac yn fanwl. Gwelir tanbeidrwydd ei ysbrydiaeth; y mae fel petai'r bardd yn ei gerddi wedi arllwys allan holl angerdd ei enaid. Mae'r rhan fwyaf o'i delynegion yn ymwneud â dioddefaint ei genedl, a'i chlwyfau o hyd yn gwaedu o'r newydd, ac â meddiannu Iwerddon drwy drais gan estroniaid milain a cholli'r hen bendefigion. Nid yw ei feddwl byth yn crwydro oddi ar y thema yma. Sonia'n hiraethus am yr hen ogoniannau y darfu amdanynt ac wyla am drallodion a gofidiau'r presennol. Angerdd llym ei deimladau a'i ddwyster anghyffredin yw nodwedd amlycaf ei delynegion. Cawn ganddo bangfeydd o gynddaredd. Myn dynnu sylw o hyd ac o hyd at gyflwr truenus ei wlad. Cymaint yw rhuthr ei angerdd yn wir fel nad yw'n ymboeni ryw lawer i gyfansoddi cerddi sy'n gyfanwaith caboledig, gorffenedig. Yn aml nid ymdraffertha i asio darnau o'i gerddi wrth ei gilydd. Aeth ei deimladau yn drech nag ef. Wrth bortreadu ingoedd ei genedl mae'n amlwg mai mynegi ei wewyr mewnol ei hun y mae.

Nid oes gennym unrhyw reswm arbennig dros gredu bod Egan O'Rahilly yn hyddysg yn y Beibl ond ni ellir darllen ei gerddi heb gofio galarnad Jeremeia. Maent yn hynod o debyg ac ni ddigwydd hynny oherwydd efelychiad ymwybodol ond oherwydd bod y bardd o Wyddel a'r proffwyd Jeremeia yn eneidiau tebyg a'r hyn yr oeddynt yn ymboeni yn ei gylch yn gyffredin i'r ddau. Mae rhai adnodau o alarnad Jeremeia yn cyfleu i'r dim angerdd y Gwyddel hefyd. Hawdd y gallai O'Rahilly ddeall e.e. anobaith creulon adnodau fel y rhain:

'A holl harddwch merch Seion a ymadawodd â hi; y mae ei thywysogion hi fel hyrddod heb gael porfa ac yn myned yn ddi-nerth o flaen yr ymlidiwr.'

'Fy llygaid sydd yn pallu gan ddagrau, fy ymysgaroedd a gyffroesant, fy afu a dywalltwyd ar y ddaear; oherwydd dinistr merch fy mhobl, pan lewygodd y plant a'r rhai yn sugno yn heolydd y ddinas.'

Dichon nad yw'n ormodiaith dweud mai O'Rahilly yw

Jeremeia llên Iwerddon. Enghraifft dda o artaith ei feddwl yw'r hyn a geir mewn cerdd ar 'Y Distryw a ddigwyddodd i Deuluoedd Mawr Iwerddon' lle mae ei fawr ofid eto yn ei ddryllio.

Mae'r marwnadau yn wahanol i'r telynegion mewn arddull a mydr. Cerddi galar i 'enwogion o fri' ydynt a'u diben yw ceisio lliniaru'r hiraeth a lleddfu'r loes a deimlir ar eu hôl. Nid yw'n anghofio neb oedd yn·gysylltiedig â'r ymadawedig. Mae'n cofio pob cyfaill, y weddw, y chwaer, yr amddifad diymgeledd a'r tlodion newynog yn wylofain wrth y porth heb neb i roi iddynt fara. Dengys inni'r cartref a fu unwaith mor llon ond sydd bellach yn oer a digysur yn nistawrwydd yr angau. Mae ynddo ryw dynerwch hyfryd wrth gyfeirio at yr ymadawedig. Roedd yn 'ffynnon o laeth i'r gweiniaid', yn 'Cuchulain iddynt mewn torf anghyfeillgar neu elyniaethus', ac 'yn warchodwr i'w tai a'u preiddiau'. Tuedd Egan O'Rahilly yw gorwneud ei ganmol a'i ailadrodd ei hun mewn cerdd ar ôl cerdd nes troi'n syrffed braidd yn y diwedd. Ond tra bo Gwyddyl fel O'Rahilly yn coleddu syniadau fel y rhai a fynegir ganddo ef nid yw'n debyg y bydd cancr caethiwed yn difetha eu heneidiau. Wrth apelio at ogoniant y gorffennol, wrth frathu â gwatwareg ddeifiol y rhai a geisiai gymryd lle yr arweinwyr gynt ac edliw i'r gormeswyr eu creulondeb a'u brad, cadwyd yn fyw yng nghalonnau'r Gwyddyl, a defnyddio geiriau Burke, 'even in servitude the spirit of an exalted freedom'.

Teimlai O'Rahilly mai swydd y bardd yn nyddiau'r deddfau penydiol oedd cyhoeddi'n ddifloesgni yr anghyfiawnder a wnaed, a throi meddyliau'r bobl oddi wrth dreialon eu bywyd bob dydd drwy eu hatgoffa am y gorffennol gogoneddus, a rhag iddynt ddisgyn i gors anobaith, eu calonogi â gobaith am waredigaeth yn y dyfodol. Roedd yn parhau yn edmygydd mawr o'r hen bendefigion o Wyddyl yr oedd eu teuluoedd yn mynd yn ôl i'r oesoedd cynnar; mae'n

28

credu'n gryf mewn cael pendefigaeth ond ffyrnig yw ei ddychan o'r rhai a brynodd grachbendefigaeth ar draul rhinwedd ac anrhydedd. Am ei gerddi dychan nid oes amheuaeth nad oedd ei allu i ddifenwi yn ddihafal. Roedd hyn yn gyffredin ymysg y beirdd a cheir yr argraff weithiau eu bod yn dilorni er mwyn dangos eu medr i ddweud pethau cas. Maent fel pe baent yn ymhyfrydu yn eu pardduo personol. Ond nid felly Egan O'Rahilly ychwaith. Mae ef o leiaf yn meddwl yr hyn y mae'n ei ddweud.

Ni bu O'Rahilly fyw i fod yn hen ond bu fyw'n ddigon hir i dlodi dygn bwyso'n drwm arno. Roedd yr arglwyddi a anfarwolodd gynt wedi gadael y wlad neu yn ddi-hid ohono ac yn ei esgeuluso; ond ni allai na thlodi na siomedigaeth ddiffodd tân yr athrylith a losgai o hyd ynddo. Nid oedd mwyach MacCarthaigh y gallai fynd ato am swcwr, nid oedd neb ond y boneddigion Eingl-Wyddelig newydd. Yn y dyddiau gynt ni byddai wedi ymostwng i apelio atynt hwy ond yn awr yn nyddiau ei enbydrwydd roedd yn rhaid ymbil ar un ohonynt hwy sef y Valentine Brown, Arglwydd Kenmare, y cyfeiriwyd ato eisoes. Ofer fu ei gais, a'i wrthod a gafodd gan Valentine Brown, a hynny a wnaeth iddo ysgrifennu cerdd y mae'n rhaid ei rhestru gyda'i oreuon.

Cyfieithwyd hi gan Frank O'Connor. Dyma ddau bennill o'r cyfieithiad:

> That my old bitter heart was pierced in this
> black doom,
> That foreign devils have made our land a tomb,
> That the sun that was Munster's glory has gone
> down
> Has made me a beggar before you Valentine Brown.
>
> That royal Cashel is bare of house and guest
> That Brian's turreted home is the otter's nest,
> That the kings of the land have neither land
> nor crown
> Has made me a beggar before you Valentine Brown.

Byddai Egan O'Rahilly wedi ystyried 'Valentine Brown' yn enw gwrthun o'i gymharu â'r hen enwau Gwyddeleg godidog. Gwelir ei ddirmyg yn yr ailadrodd o'r enw ym mhob pennill ac y mae ei chwerwder yn amlwg. Yn el gerdd olaf, a ysgrifennwyd ar ei wely angau, dywed na eilw am gymorth am nad oes neb a wrendy arno. Dyma ddau bennill o'r gerdd olaf—eto wedi'u cyfieithu gan Frank O'Connor:

> I shall not call for help until they coffin me—
>   What good for me to call when hope of help is gone?
> Princes of Munster who would have heard my cry
>   Will not rise from the dead because I am alone . . .
>
> Now I shall cease, death comes and I must not delay
>   By Laune and Laine and Lee, diminished of their pride,
> I shall go after the heroes, ay, into the clay—
>   My fathers followed theirs before Christ was crucified.

Defnyddiwyd y llinell olaf gan Yeats fel ei eiddo ei hun. Er ei fod yn ŵr gofidus a phruddglwyfus mor aml, gallai Egan O'Rahilly fod yn llon weithiau. Er iddo gael ei esgeuluso y mae bellach wedi ennill ei le fel un o'r prif feirdd a ysgrifennai yn yr Wyddeleg yn y ddeunawfed ganrif a hynny'n bennaf ar gyfrif ei angerdd a'i ddiffuantrwydd.

Pennod IV

JAMES CLARENCE MANGAN

Yng nghanol Dulyn y mae parc-gwerddon eang hyfryd—o'r enw St. Stephen's Green ac yma a thraw ynddo y mae llawer cofeb i arwyr a gwŷr blaenllaw Iwerddon ac un o leiaf i wrthryfelwraig, y wraig gyntaf i'w hethol i Senedd Westminster sef Constance De Markievicz. Bûm lawer gwaith drwy'r parc hwn ac yr wyf yn bur gyfarwydd â'r cerfluniau a'r penddelwau sydd ynddo. Efallai mai'r un a dynnodd fy sylw fwyaf oedd penddelw o ben hardd ac wyneb sensitif iawn. O dano nid oedd ond un gair—MANGAN. Nid oedd enw blaen na dyddiad geni na marw—dim ond y cyfenw. Ystyrid bod hynny'n ddigon gan fod y penddelw hwn yn coffáu un o'r cymeriadau rhyfeddaf a thristaf a droediodd strydoedd Dulyn erioed. Mae rhai'n ystyried mai ef yw'r bardd gorau a gynhyrchodd Iwerddon cyn W. B. Yeats.

Mae'r rhan fwyaf ohonom yn ddigon balch os gallwn ddarllen ac ysgrifennu dwy neu dair iaith ond gwyddai Mangan rywfaint am ugain o ieithoedd. Gwyddai rai ieithoedd yn dda ond ceir arwyddion amlwg mai gwybodaeth brin, arwynebol oedd ganddo o rai ohonynt. 'Cyfieithodd' Mangan gerddi o'r ieithoedd hyn—Gwyddeleg, Almaeneg, Ffrangeg, Lladin, Groeg, Eidaleg, Sbaeneg, Rwseg a Chymraeg hefyd yn ogystal ag o ieithoedd gwledydd Llychlyn—Swedeg a Daneg—ieithoedd eraill fel Arabeg, Perseg, Copteg ac ieithoedd gwledydd Serbia, Tsieco-Slofacia,

Portwgal a Rwmania i enwi rhai ohonynt. Honnai fod ganddo hefyd wybodaeth o rai o ieithoedd y dwyrain pell. Rhaid bod y sawl a ddywedai ei fod yn gwybod yr holl ieithoedd hyn yn berson eithriadol ac, yn wir, ar bob cyfrif yr *oedd* Mangan yn ŵr od, eithriadol. Ac yr oedd y Gwyddel hwn nid yn unig yn od ond yn Babydd (nid oedd dim yn od yn hynny, wrth gwrs), ond yn fath arbennig o wrthryfelwr yn ogystal. Yn ystod rhyw ugain mlynedd o lenydda nid ymostyngodd unwaith i sylwi ar feirniadaeth Saesneg. Ni chyhoeddodd linell erioed mewn cylchgrawn yn Lloegr na thrwy lyfrwerthwr o Sais. Ymddengys nad oedd yn ym-wybodol fod yna gyhoedd ym Mhrydain y gallai ei waith fod o ddiddordeb iddynt. Roedd yn wrthryfelwr yn wleidyddol, yn feddyliol ac yn ysbrydol, yn wrthryfelwr â'i holl galon a'i enaid yn erbyn ysbryd Prydeinig ei oes. Ond nid oedd neb yn Lloegr yn gwybod nemor ddim amdano.

Wrth sôn am ei fywyd rhaid dweud bod iddo ddau fath o fywyd—y bywyd allanol, gweladwy a'r bywyd mewnol. Ni bu erioed greadur yr oedd ei holl fodolaeth yn ymrafael mor anobeithiol ac arswydus, a'r frwydr ddiderfyn ynddo yn dirdynnu'r corff egwan. Ganed Mangan ym 1803 yn Fish-amble Street, Dulyn, y stryd, gyda llaw, lle perfformiwyd *Messiah* Handel am y tro cyntaf. Bedyddiwyd ef â'r enw James. Efe ei hun a gymerodd yr enw Clarence. Ceisiodd ymwadu â'r enw James, ond fel James Clarence Mangan y cyfeirir ato fynychaf. James Mangan oedd enw ei dad hefyd, brodor o Limerick a briododd ym 1801 â Catherine Smith o Ddulyn. Efallai bod rhywbeth yn anian y tad yn gwneud i'w fab gasáu'r enw James. Cadw siop groser a wnâi ac er nad oedd ei fusnes yn llwyddo roedd yn aml yn gwahodd ei holl ffrindiau i'w dŷ i gael bwyd. Roedd yn anodd iawn i'w wraig a'i blant gael dau ben llinyn ynghyd. Gŵr a thad oriog aflonydd oedd. Penderfynodd symud i ardal arall. Perswadiodd frawd-yng-nghyfraith iddo yn Llundain i ddod adre a throsglwyddodd ei fusnes a'i deulu i'w ofal ef. Mewn sgwâr fudr yr oedd ysgol i fechgyn ac i'r ysgol honno, ac i amryw ysgolion eraill y danfonwyd Mangan i gael hynny o addysg a gafodd erioed. Bu'n rhaid iddo adael yn fuan i weithio am ei fywoliaeth ac i helpu cadw ei fam. Hyd yn oed cyn iddo adael yr ysgol roedd wedi dechrau sgrifennu a danfonai gerddi digri i gylchgronau ysgafn.

Pan oedd yn bymtheg oed aeth Mangan i weithio mewn swyddfa sgrifner a bu yno am saith mlynedd yn copïo dogfennau cyfreithiol ar gyflog wythnosol. Nid oedd Mangan yn hoffi'r gwaith—y copïo diddiwedd—ond iddo ef roedd i'r gwaith un fantais; caniatâi i'w feddwl grwydro. Mae'n debyg mai'r diflastod a gâi wrth ei waith a wnaeth iddo ddechrau diota. Pan ddaeth ei brentisiaeth i ben ym 1825, bu'n gweithio am ddwy neu dair blynedd yn swyddfeydd amryw gyfreithwyr yn Nulyn. Gwaith diflas iddo ef oedd hyn eto. Ni wyddom pa bryd y rhoes y gorau i'r gwaith. Mae'n ddigon posibl nad oedd yn rhoi boddhad i'r cyfreithwyr ac iddynt hwy gael gwared arno. Yn y cyfnod hwn dysgodd iddo'i hun Almaeneg a Ffrangeg a chryn dipyn o Wyddeleg a daeth i wybod rhywfaint o Berseg a Chopteg a Chymraeg. Pan beidiodd ei gysylltiad â'r gyfraith ceisiodd Mangan ennill ei fywoliaeth drwy wneud cyfieithiadau, ysgrifennu i'r papurau a'r cylchgronau a bod yn fath o athro. Nid oedd hyn o waith yn talu'n dda ac yr oedd bywyd yn anodd. Ym 1834 cyhoeddwyd rhifyn cyntaf o *The Dublin University Magazine*. Nid papur coleg yn unig oedd hwn. Argraffai waith llawer o ysgrifenwyr a ddaeth wedi hynny yn awduron enwog. Cyhoeddodd gerddi Mangan a thalai'n well iddo hefyd nag a wnâi'r cylchgronau eraill.

Ym 1838 cafodd Clarence Mangan, fel y galwai ei hunan yn awr, waith yn Swyddfa'r Map Ordnans lle gwneid mapiau swyddogol Iwerddon. Ni ellid dibynnu llawer arno ond arhosodd yn y swydd hyd 1842 pan benodwyd ef yn glerc yn llyfrgell Coleg y Drindod, Dulyn. Dros y blynydd-

oedd bu'n ysgrifennu ac yn cyfieithu cerddi lawer ac yn cyf-
rannu ysgrifau a pharagraffau i'r papurau a'r cylchgronau,
e.e. pan oedd yn saith ar hugain oed cawn ef yn cyhoeddi
cerddi byr, cyfieithïadau a throsiadau gan amlaf o'r
Almaeneg a'r Wyddeleg, mewn cylchgronau wythnosol yn
Nulyn. Bychan iawn oedd y gydnabyddiaeth ariannol a gâi
ond roedd yn ddigon iddo brynu opiwm ac alcohol. Roedd yn
fwytawr opiwm a'r canlyniad oedd iddo ei ddistrywio ei
hun, gorff ac enaid. Roedd yn gaethwas hollol i opiwm ac
nid oedd bywyd ond math o ymlusgo ymlaen o un hunllef
erchyll i'r llall. Er hyn i gyd yr oedd yn Nulyn ryw ddau neu
dri o lenorion a ddeallai ac a werthfawrogai Mangan ac a
oedd yn barod yn wir i'w helpu a cheisio'i achub pe caent y
cyfle. Un o'r rhain oedd y Dr. Todd, Cymrawd o Goleg y
Drindod a Llyfrgellydd llyfrgell odidog y Brifysgol honno.
Drwy ei ddylanwad ef y cafodd Mangan—y breuddwydiwr
hanner-ymwybodol a'r bwytawr opiwm—ei swydd yn y
llyfrgell. Ei waith yno oedd helpu i baratoi catalog newydd,
gwaith cymwys iawn i un fel ef a wyddai gynifer o ieith-
oedd. Yn y llyfrgell gellid ei weld yn clwydo ar ben ysgol dal
yn chwilio drwy'r llyfrau ac yn croniclo'r hyn a'r llall. Roedd
golwg annaearol arno. Er nad oedd ond canol oed roedd ei
wallt yn wyn a hwnnw'n aflêr, heb ei gribo. Edrychai, yn ei
ddillad brown, fel drychiolaeth. Roedd ei wyneb fel wyneb
dyn marw ac mor llonydd â marmor. Roedd ei holl enaid
wedi ymgolli yn y llyfr yn ei law—a dyna fel y bu am flynydd-
oedd, gan fynd â chyfran o'i enillion i gartref tlawd ei fam
ond yn cadw yn ei gof drysorau lawer a borthai ei ddych-
ymyg. Fel y dywedwyd eisoes roedd yna ddau Clarence
Mangan—un a oedd yn gynefin â'r awen ac a chwiliai
hudoliaeth y sêr, a'r Mangan arall, yr un a orweddai'n rhy
aml yn y gwteri ac a ymdrybaeddai ym mudreddi gwaethaf
Dulyn. Cri ei ysbryd dirdynedig o hyd oedd 'Druaned ydwyf,
pwy a'm gwareda rhag y llid a fydd?'
    Ond er gwaethaf ei amgylchiadau, parhâi i gyhoeddi

cerddi ac erthyglau yn y cyfnodolion a'r papurau. Ymddangosodd y rhan fwyaf o'i gyfieithiadau gorau yn y *Dublin University Magazine*. Cyfeiriwn atynt eto. Ym 1842 dechreuwyd cyhoeddi papur wythnosol Thomas Davis ac am bum mlynedd ymddangosai gwaith Mangan yn rheolaidd ynddo. Ni chymerodd Mangan unrhyw ran amlwg yn y bywyd gwleidyddol. Roedd ei gorff gwan yn rhy ddrylliedig i weithredu'n egnïol dros unrhyw achos. Ond fel y mwyafrif o Wyddyl ieuainc ei ddydd credai fod brwydr hyd angau ar fin dod yn yr achos cenedlaethol ac yr oedd digon o ddynoliaeth, a digon o rym cymeriad ar ôl ynddo i deimlo'n gyffrous iawn ar brydiau. Os na allai weithredu fel gwŷr ieuainc *Plaid Iwerddon Ifanc (Young Ireland Party)*, gallai o leiaf greu caneuon a dyna a wnaeth. Cyffrowyd ef unwaith gan yr ymosodiad gan bapurau Llundain ar y papur *United Irishman,* papur y gwrthryfel. Ym 1848, un o flynyddoedd y Newyn Mawr, dechreuwyd rhoi ar led fod y papur i'w atal drwy gyfraith. Roedd hyn yn fwy nag y gallai hyd yn oed Mangan ei sefyll. Ysgrifennodd lythyr at olygydd yr *United Irishman* yn dweud ei fod yn llwyr gytuno â safbwynt y papur a'i fod yn barod i fynd i'r eithafion pellaf gyda'r papur i sicrhau annibyniaeth genedlaethol. Ychydig a allai Mangan ei wneud ond ysgrifennu ac y mae'n syn iddo ysgrifennu cymaint ac yntau yn y fath gyflwr.

Nid yw'n debyg y cyhoeddir byth ei holl waith. Byddai eisiau rhyw ddwsin o gyfrolau trwchus i gynnwys popeth a gynhyrchwyd ganddo ac a gyhoeddwyd ganddo yn y cyfnodolion, ac o ran hynny nid yw popeth a ysgrifennwyd ganddo yn haeddu ei ailgyhoeddi. Rhaid cyfaddef iddo weithiau gynhyrchu pethau digon sâl. Dewisodd ef ei hun ddetholiad o'i waith a chyhoeddwyd ef dan y teitl *Anthologia Germanica* ym 1845. Yn achlysurol, yn ystod y ganrif, cyhoeddwyd rhai detholiadau eraill ond ychydig o'r golygyddion a wnaeth gyfiawnder ag athrylith Mangan hyd y flwyddyn 1897, pan gyhoeddwyd hanes ei fywyd a'i waith gan D. J. O'Donoghue, a chasgliad o'i gerddi gan wraig o'r enw Miss Guiney a oedd, mae'n amlwg, wedi ymfrwysgo ar ei waith. Yn ôl y wraig hon roedd Mangan wedi ysgrifennu tua dwy fil o gerddi ond ni allai O'Donoghue dderbyn hynny. Rhwng wyth neu naw cant o gerddi a ysgrifennwyd ganddo yn ôl hwnnw. Ym mlwyddyn ei ganmlwyddiant, 1903, cyhoeddwyd dwy gyfrol, un yn cynnwys y cerddi a'r llall yn cynnwys darnau o ryddiaith. D. J. O'Donoghue oedd golygydd y ddwy, a'r hyn a wnaeth ef oedd cyhoeddi'r hyn a ystyriai'n werth ei gadw.

Buddiol yw edrych ar gynnwys y gyfrol o gerddi. Rhannwyd hi'n saith ran gan y golygydd. Rhoddaf eu teitlau fel y maent yn Saesneg. Gelwir y rhan gyntaf yn *Versions (More or Less) from the Irish.* 33 o gerddi sydd yma a gwelir nad yw Mangan yn honni ei fod bob amser yn rhoi fersiynau llythrennol o'r Wyddeleg. Mae amryw o'r cerddi hyn yn enwog iawn ond dichon mai'r enwocaf ohonynt i gyd yw'r gerdd gyntaf yn y gyfrol hon sef *Dark Rosaleen.* Yn ôl Mangan teitl y gerdd wreiddiol oedd *Roisin Dubh* ac ysgrifennwyd y ffurf gyntaf ohoni gan fardd un o benaethiaid Iwerddon yn ystod teyrnasiad Elizabeth I. Iwerddon yw'r "Rhosyn". Cymer y bardd arno mai'r pennaeth enwog Huw Goch O'Donnell sydd yn cyfarch Iwerddon. Daeth llawer o'r Gwyddyl, ar ôl Mangan, i sôn am Iwerddon fel y Rhosyn Du — roedd y ddelwedd wedi cydio yn nychymyg y genedl. Gan eu bod mor enwog dyfynnaf ddau o benillion Mangan:

> O my Dark Rosaleen
>   Do not sigh, do not weep!
> The priests are on the ocean green,
>   They march along the Deep,
> There's wine . . . from the Royal Pope
>   Upon the ocean green;
> And Spanish ale shall give you hope,
>   My Dark Rosaleen!
>   My own Rosaleen!

Shall glad your heart, shall give you hope,
Shall give you health, and help, and hope,
　My Dark Rosaleen!

Woe and pain, pain and woe,
　Are my lot night and noon,
To see your bright face clouded so,
Like to the mournful moon.
But yet . . . will I rear your throne
　Again in golden sheen,
'Tis you shall reign, shall reign alone
　My Dark Rosaleen!
　My own Rosaleen!
'Tis you shall have the golden throne,
'Tis you shall reign, and reign alone,
　My Dark Rosaleen!

Yr oedd yn yr Wyddeleg gerdd gan Philip Fitzgibbon i'r iaith Wyddeleg a cheir trosiad ohoni hi yn y rhan gyntaf yma o'r cerddi. Dyma'r pennill cyntaf:

The language of Erin is brilliant as gold;
It shines with a lustre unrivalled of old.
Even glanced at by strangers to whom 'tis unknown
It dazzles their eyes with a light all its own!

Cerddi'n ymwneud â gwaeau Iwerddon yw llawer ohonynt. Ysgrifennodd ar bob math o destunau trist a hoff iawn ganddo oedd ysgrifennu caneuon galar. Enghraifft nodedig o'r rhain yw ei *Lament for Banba,* aralleiriad o gerdd gan Egan O'Rahilly. Wrth *Banba* golygir Iwerddon a dyma un o'r enwau hynaf a roddid gan y beirdd Gwyddelig ar eu gwlad. Nodweddiadol o O'Rahilly ac o Mangan yw'r pennill hwn:

O my land! O my love!
　What a woe, and how deep,
Is thy death to my long mourning soul!
　God alone, God above

Can wake thee from sleep.
Can release thee from bondage and dole!
   Alas, alas, and alas!
For the once proud people of Banba.

Os oedd Egan O'Rahilly yn Jeremeia, wele Jeremeia arall yn Clarence Mangan. Mae ganddo gerdd hir o'r Wyddeleg o ddeunaw o benillion a deuddeg llinell ym mhob pennill. Marwnad ar ôl tywysogion a syrthiodd yn y frwydr yw hon a gofid am adfyd Iwerddon. Mae yma gri o'r galon:

And Thou, O mighty Lord! whose ways
   Are far above our feeble minds
      To understand,
Sustain us in these doleful days,
   And render light the chain that binds
      Our fallen land!
Look down upon our dreary state,
   And through the ages that may still
      Roll sadly on.
Watch Thou o'er hapless Erin's fate
   And shield at last from darker ill
      The blood of Conn!

Teg yw dweud bod ganddo un gân o lawenydd, cân o lawenydd o ganfod y daw rhyddid i Iwerddon ac y daw diwedd i'w helbulon.

Yn ail ran y *Cerddi* yr hyn a geir yw deg o gerddi gwreiddiol yn ymwneud ag Iwerddon—*Original Poems relating to Ireland*. Geilw un ohonynt yn *Emyn Cenedlaethol Iwerddon* ac anodd yw dychmygu am gerdd fwy anaddas i fod yn anthem genedlaethol. Dichon er hynny na fwriadwyd ei chanu; ac ni fabwysiadwyd hi. Mae angerdd gwladgarol Mangan yn amlwg yn *A Highway for Freedom* a geilw ar ei gyfeillion i sefyll fel dynion dros Iwerddon:

Too long, my friends, you faint for fear
   In secret crypt and by-way;
At last be men! Stand forth and clear
   For Freedom's course a highway.

38

Trist tu hwnt yw *To My Native Land.* Ceir yma anobaith llwyr o weld Iwerddon yn ei chaethiwed a'i meibion yn annheyrngar iddi, ac yma nid oes rithyn o obaith y gwelir dyddiau gwell:

> Thou art forsaken by the earth,
>   Which makes a byword of thy name;
> Nations and thrones, and powers whose birth
>   As yet is not, shall rise to fame,
> Shall flourish and may fall—but thou
>   Shalt linger as thou lingerest now.

> And till all earthly power shall wane,
>   And Time's grey pillar, groaning fall,
> Thus shall it be, and still in vain
>   Thou shalt essay to burst the thrall
> Which binds, in fetters forged by fate
>   The wreck and ruin of what once was great.

Ond fel y gwelsom, mae'n gallu annog dynion ifainc Iwerddon i sefyll yn gadarn dros eu gwlad. Dyma enghraifft arall o'r ysbryd a oedd yn ei gyffroi:

> Youths of Ireland, patriots, friends!
>   Know ye what shall be your course,
> When the storm that now impends
>   Shall come down in all its force? . . .

> For a Sword that never spared
>   Stand prepared!
> Do not blench and dare not falter!
>   For the axe and for the halter
>   Stand prepared!

Gelwir trydedd ran y *Cerddi* yn *Original Poems, Personal and Miscellaneous.* Ceir ynddi 32 o gerddi ac yma eto ceir llawer o bethau dolefus. *Oriental Versions and Perversions* y gelwir yr wyth a deugain o gerddi sydd yn y bedwaredd ran. *Oversettings from the German* yw'r hyn a geir nesaf ac yna'n chweched rhan, yr hyn a eilw'r golygydd yn

Miscellaneous Versions—tair cerdd yn unig, un o'r Sbaeneg, un o iaith Castile ac un yr honnir ei bod o'r Gymraeg. Yn y *Dublin University Magazine* y cafwyd y rhain a dywedir mai o waith *Davyth Ap Gwylynn,* an *Anglesea bard (sic)* of *the Fourteenth Century* y cymerwyd *The Mass of the Birds.* Er nad oedd Mangan yn gwybod llawer am Ddafydd ap Gwilym, eto rhaid ei fod yn deall y Gymraeg yn bur dda gan iddo lwyddo i gyflwyno afiaith y gerdd Gymraeg. Un ar bymtheg o gerddi sydd yn y rhan olaf ac *Extravaganzas* y gelwir hwy gan y golygydd.

Gellir dweud am Mangan mai yn ei farddoniaeth yn unig, mewn gwirionedd, yr oedd yn byw. Rhyw fywyd erchyll yng nghanol angau oedd popeth arall. Efallai bod blasu neithdar y duwiau yn ddigon o iawndal iddo am holl drueni alaethus ei fywyd bob dydd. Dyna'n sicr yr unig wynfyd a gafodd. Anodd yw dirnad drwy ba wyrth y dysgodd gymaint mewn swyddfeydd cyfreithwyr ac ar ben ysgol yn llyfrgell y Coleg. Datblygodd yn ysgolhaig da yn y clasuron a heblaw'r Wyddeleg daeth i wybod Almaeneg, Ffrangeg a Sbaeneg yn ddigon da i werthfawrogi eu llenyddiaeth. Derbyniwyd yn rhy barod fod ganddo wybodaeth eang o'r holl ieithoedd yr honnai ei fod yn eu gwybod. Pa faint, mewn gwirionedd, a wyddai e.e. am yr ieithoedd hyn—Perseg a Chopteg? Mae'n sicr mai ef ei hun a gyfansoddodd gerddi y mae'n dweud ei fod wedi'u cyfieithu o'r ieithoedd hynny. Gofynnwyd iddo unwaith paham y rhôi'r clod am em hyfryd o gerdd i rywun o'r enw Hafiz a'i ateb oedd fod priodoli'r gerdd i Hafiz yn talu'n well na'i hawlio fel ei gerdd ei hun, ac y gallai unrhyw feirniad craff weld ar unwaith mai ei eiddo ef oedd o leiaf hanner y gerdd.

Gyda cherddi a baledi o'r Wyddeleg mynnodd, fel y gwelsom yn barod mewn rhai enghreifftiau, ddewis rhai o gerddi tristaf yr iaith. Ymddengys ei fod yn ymhyfrydu wrth fynegi galar angerddol. Gallai dreiddio i graidd gwae a thristwch anaele. A rhaid cofio, fel y cyfeiriwyd eisoes, nad

40

cyfieithiadau, yng ngwir ystyr y gair, oedd llawer o'r cerddi hyn. Weithiau ni allent fod yn gyfieithiadau llythrennol gan mai cerddi a ddaeth i lawr ar lafar o genhedlaeth i genhedlaeth oeddynt, ac yr oedd amryw ffurfiau ar y 'gwreiddiol' . Ond pa gyfnewidiadau bynnag a wnâi Mangan gofalodd gadw'n ffyddlon i ysbryd y cerddi. Lle'r oedd y gerdd wreiddiol wedi cymryd ffurf derfynol gydnabyddedig cadwai Mangan yn bur agos ati. Efallai hefyd fod rhywbeth yn anian y Gwyddel a'i gwna'n dueddol iawn i fynegi'n angerddol y trallod a'r hiraeth a'r pruddglwyf sy'n dilyn oesoedd o ddarostyngiad a dioddefaint cenedlaethol. Mae'r Gwyddel mor barod i suddo i waelodion isaf cors anobaith ond gall fynegi gorfoledd hefyd. Roedd pathos Mangan, yn ddi-os, yn gwbl ddiffuant. Pan fo'n chwerthin, ac anaml y gwna hynny, yr argraff a geir yw nad oes dim yn llon yn ei chwerthin. Mae rhywbeth chwerw a gwrthun yn 'llawenydd' y bardd. Mae fel pe bai'n ei wawdio ei hun a'r byd yn gyffredinol. Digwyddai weithiau fod ysgolheigion yn yr Wyddeleg yn rhoi iddo gyfieithiadau rhyddiaith llythrennol o gerddi Gwyddeleg ac ar sylfaen y rhain yr ysgrifennodd Mangan amryw o'i gerddi. Yn un o'i lythyrau mae'n sôn fod ganddo ddisgyblion yn dysgu Gwyddeleg ac Almaeneg ac felly mae'n ddigon tebyg mai ychydig o gymorth yr oedd arno ei eisiau i drosi o'r Wyddeleg.

Dywedir mai ei gerddi gorau yw'r cyfieithiadau neu'r efelychiadau o'r Almaeneg; y mae rhai ohonynt gyda'r cerddi mwyaf gorffenedig a wnaeth erioed. Dengys testunau rhai o'r cerddi hyn ei fod megis yn cael ei hudo gan gerddi dwys sydd â'u myfyrdod ar freuder bywyd a dyhead annelwig am hedd y bedd. Er hynny mae ganddo gerddi ysgafn wedi'u saernïo'n berffaith. Bu'n llwyddiannus iawn yn ei drosiadau o faledi o'r Almaeneg, yn enwedig y baledi hynny sy'n ceisio cyfleu'r hiraeth am rywbeth godidocach a mwy urddasol nag y gall y byd ei roi. Estyn allan ei ddwylo i gyrraedd y Delfryd sydd mor aml yn gwibio heibio iddo. Mae gwir angerdd e.e. yn y gerdd wych *Life is the Desert and the Solitude,* ei drosiad o gerdd yr Almaenwr Tieck. Mae rhai o syniadau'r bardd hwn yn nodweddiadol o'r hyn a apeliai at Mangan.

Awgrymwyd eisoes na roddai Mangan unrhyw bwys ar gyfieithu'n llythrennol. Cyfleu ysbryd y darn oedd yn bwysig yn ei farn ef. Dichon mai'r cywydd *Offeren y Llwyn* a roes i Mangan ei syniad am y gerdd *The Mass of the Birds*. Roedd hanner awgrym, rhyw un ddelwedd efallai, yn ddigon i Mangan greu cerdd o'r newydd e.e. mae Dafydd ap Gwilym a Mangan yn enwi'r eos a'r fronfraith a'r 'eurchwaer'. Cyfeiria'r ddau at Gaer a Morfudd er mai mewn troednodiad yn unig y gwna Mangan hynny. Felly yn y cyfieithiadau o'r ieithoedd dieithr. Roedd un gair yn ddigon i ddychymyg Mangan lunio cerdd gain o'i amgylch. Mae'n aml yn gwella ar y gwreiddiol. Troes pethau heb fod ynddynt fawr werth yn aur pur dan gyffyrddiad ei hudlath ef. Mae gan y Gwyddyl ddawn i gyfieithu i'r Saesneg o ieithoedd eraill. **Efallai bod rhyw debygrwydd rhwng Mangan a Fitzgerald** yn ei *Rubaiyat of Omar Khayam,* er bod Mangan yn barotach na Fitzgerald i ehangu ar y gwreiddiol. Dylid cofio hefyd ei fod dros y blynyddoedd yn cymryd opiwm ac efallai ei fod fel eraill wedi canfod ysblander a gogiannau di-gyffelyb dan ddylanwad y cyffur. Nid yw pawb yn cytuno i Mangan bob amser gadw ei synhwyrau. Mae'n syndod iddo ysgrifennu cymaint ac yntau'n byw fel yr oedd — ac nid gwychderau yn unig ychwaith a roddwyd iddo gan yr opiwm. Yn y gerdd *The Nameless One* — ac efe yw'r un dienw — cawn bennill sy'n cyfleu profiadau eraill dan ddylanwad opiwm. Mae'n cyfaddef ei fod am flynyddoedd wedi'i gondemnio

> To herd with demons from hell beneath,
> Saw things that made him, with groans and tears, long
> For even death.

Nid yw rhyddiaith Mangan i'w chymharu â'i farddoniaeth. Fel rheol nid ysgrifennai ryddiaith ond i ddiddanu darllenydd y foment. Mae llawer o'r ysgrifau a'r darnau yn amserol, yn bethau dros dro yn unig, ond i gyd â nodweddion arbennig Mangan arnynt. Cyfieithiadau eto yw rhai ohonynt. Mae'n arwyddocaol ei fod wedi rhoi i un rhestr hir o sylwadau cyffredinol y teitl *A Sixty Drop Dose of Laudanum.* Er gwaethaf y teitl, nid traethawd ar y cyffur a'i effeithiau mohono.

Collodd ei swydd yn llyfrgell Coleg y Drindod ac o hynny ymlaen roedd yn wirioneddol anghenus. Crwydrai o le i le gan fyw mewn seleri a lleoedd annifyr o'r fath. Ambell waith diflannai am wythnosau ac nid oedd gan ei ffrindiau syniad i ble yr âi. Un bore aeth y sôn ar led yng nghylchoedd llenyddol Dulyn fod Clarence Mangan wedi marw—wedi marw mewn tlodi eithafol, ond nid yn gwbl ddiymgeledd ychwaith. Roedd wedi dioddef yn ofnadwy o'r colera, canlyniad bod am hir amser heb ddigon o fwyd, mae'n debyg—er bod llawer o'r colera yn Nulyn ar y pryd. Darganfuwyd ef ar fin trengi, ac ar ei gais ei hun, cymerwyd ef gan gyfeillion i ysbyty lle bu farw Mehefin 20, 1849. Claddwyd ef ym mynwent Glasnevin. Gwyddom lawer amdano ac er ei holl anffodion nid oes sôn iddo wneud tro gwael â neb erioed. Efallai ei fod wedi treulio gormod o'i amser yn ysgrifennu ond rhoes i Iwerddon rai o'i cherddi enwocaf. Yn *The Penguin Book of Irish Verse* a gyhoeddwyd ym 1970, ar wahân i gyfieithiadau gan Frank O'Connor, nid oes neb â chynifer o gerddi â Mangan. Cynrychiolir Yeats gan dair cerdd ond y mae dwy ar bymtheg dan enw Mangan. Gall Iwerddon fod yn falch o'i athrylith a'i wladgarwch. Daethpwyd i sylweddoli trasiedi mor fawr oedd holl fuchedd a marw cynnar James Clarence Mangan a phriodol yw ei goffáu â'r penddelw urddasol hwnnw yn St. Stephen's Green.

Pennod V

THOMAS DAVIS

Un diwrnod ym 1845 roedd merch ifanc yn cerdded drwy un o strydoedd Dulyn pan ddaeth ar draws tyrfa mor fawr fel na allai fynd ymhellach. Aeth i mewn i siop i aros i'r dorf fynd heibio a gofynnodd i'r siopwr beth oedd wedi dwyn cynifer o bobl i'r strydoedd. Ateb y siopwr oedd, 'Angladd Thomas Davis'. A phan ddywedodd y ferch ifanc, 'Pwy yw Thomas Davis? 'Chlywais i erioed amdano', ateb syml y siopwr oedd, 'Bardd oedd ef.' Adwaenid y ferch honno yn ddiweddarach fel Lady Wilde, a ysgrifennai dan yr enw Speranza. Mam Oscar Wilde oedd hi ac y mae'r ffaith na wyddai ddim am Thomas Davis yn dweud llawer amdani hi ac yn dangos mor gyfyng a chul oedd ei chylch ar y pryd, oherwydd roedd pawb a wyddai rywbeth am byngciau'r dydd yn Iwerddon, gellid meddwl, wedi clywed am Thomas Davis, ac nid yn unig wedi clywed amdano ond yn ei barchu a'i edmygu'n fawr. Roedd Thomas Davis yn llawer mwy na bardd ac erys serch ei genedl tuag ato hyd heddiw. Yn rhol anrhydedd arwyr cenedlaethol Iwerddon y mae i enw Thomas Davis ei le sicr.

Ganed Thomas Osborne Davis ym Mallow, swydd Corc, yn Hydref 1814, fis ar ôl marw ei dad. Meddyg yn y fyddin oedd y tad, a gadawodd ei deulu mewn amgylchiadau cyffyrddus ddigon. Roedd Thomas Davis yn ymwybodol iawn ac yn falch iawn ei fod drwy ei dad o dras Gymreig. Dywed ef ei hun mewn llythyr: 'Roedd fy nhad yn ŵr bonheddig o waed Cymreig.' Roedd teulu'r tad wedi ymsefydlu mor hir yn Lloegr cyn mynd i lwerddon fel yr ystyrient eu hunain bryd hynny yn Saeson. Ond yr oeddynt wedi hir ymsefydlu yn Ne lwerddon cyn geni Thomas Davis. Teulu Eingl-Wyddelig oedd teulu'r fam. Gyda byddin Oliver Cromwell y daethant i lwerddon. Bu llawer o briodi rhyngddynt a theuluoedd Eingl-Wyddelig eraill, ac â Gwyddyl hefyd, ond dros y cenedlaethau, roeddynt wedi parhau'n Brotestaniaid pybyr. Codwyd Thomas Davis yn Brotestant esgobol ac yn uchel Dori rhonc, a hyd yn oed pan ddatblygodd i fod yn arweinydd o genedlaetholwr gwlatgar, ni chafodd ddim cefnogaeth gan unrhyw un o'i deulu; ond ni wnaeth hynny unrhyw wahaniaeth i'w gysylltiad â'r teulu, a pharhaodd ar delerau da â hwy i gyd.

Ym 1818, pan oedd Davis yn bedair oed, symudodd y teulu o Mallow i fyw yn Nulyn. Danfonwyd ef i ysgol 'gymysg' —lle'r addysgid Protestaniaid a Phabyddion gyda'i gilydd; ac yma, fel y dywedodd ymhell wedi hynny wrth Daniel O'Connell, y daeth i '. . . adnabod, ac o'u hadnabod, i garu, ei gyd-wladwyr o Babyddion.' Er ei fod wedi gadael Mallow mor ifanc, roedd bryniau Munster wedi gadael argraff annileadwy arno. Nid anghofiodd byth mo harddwch natur ym mro ei eni, a chofiai hefyd am y werin syml a gadwai lawer o hen, hen arferion, fel gwylnosau a galarnadu mewn angladdau, yn ogystal â miri a rhialtwch y neithiorau a'r lletygarwch a'r 'canmil croeso'. Dywedir bod ganddo ers yn ifanc gariad dwfn ac angerddol, nid at y bobl yn unig, ond hefyd at bridd y ddaear, at greigiau, coedwigoedd a dyfroedd, a hyd yn oed at wybren ei lwerddon hoff; a'r angerdd yma a roes i'w waith llenyddol—yn rhyddiaith a barddoniaeth—ei brif werth a'i swyn.

Cafodd addysg dda. Aeth yn syth o'r ysgol i Goleg y Drindod, ym 1831, i astudio'r gyfraith. Cyfnod cyffrous oedd hwn. Roedd O'Connell wedi llwyddo yn ei frwydr dros Ryddfreiniad y Pabyddion, ond y mae'n syn cyn lleied o freintiau a roddwyd i'r werin dlawd, gyffredin gan y Rhydd-freiniad yma, ac erbyn hyn roedd O'Connell wedi dechrau ymgyrch arall—o blaid Diddymu'r Ddeddf Uno. Nid ym-ddisgleiriodd Thomas Davis fel myfyriwr—enillodd ei radd, mae'n wir, ond cyffredin oedd ei waith. Ni chymerai un rhan yn chwaraeon y coleg ychwaith ond cerddai lawer a darllenai'n helaeth yn y llyfrgell, nes ei fod yn fath o wyddoniadur o wybodaeth gyffredinol. Hoffid ef gan ei gyd-fyfyrwyr, a hefyd yng nghylchoedd confensiynol a cheid-wadol ei fam. Ystyrid ef braidd yn ecsentrig. Tybid mai od oedd gweld gŵr ifanc fel ef yn ei ddagrau wrth glywed 'hen ŵr o'r wlad' yn canu alawon gwerin ar ei ffidil. Ym 1837 galwyd ef i'r Bar yn Iwerddon, ond nid oedd yn hoffi'r Gyfraith ac ni wnaeth ond ychydig o waith fel bar-gyfreithiwr. Nid oedd ganddo uchelgais personol.

Pan roes Davis ddarlith i Gymdeithas Hanesyddol Coleg y Drindod ym 1840, gwnaeth apêl danbaid dros gael astud-iaethau hanes Iwerddon. Nid oedd unrhyw amheuaeth o hynny ymlaen beth oedd ei safbwynt ynglŷn â chened-laetholdeb. Cyhoeddwyd y ddarlith, ac wedi hynny cyhoeddwyd ganddo yn y misolyn *The Citizen,* ddwy erthygl bwysig, un ar Senedd Wyddelig Iago II (1689) a'r llall *Udalism and Feudalism.* Cyhoeddwyd erthyglau hefyd yn y papur *The Morning Register.* Yn y traethawd ar Senedd Iago II yn Iwerddon, roedd amcan Davis yn amlwg. Roedd am brofi i'r lleiafrif Protestannaidd nad oedd unrhyw sail o gwbl i'w hofnau ynglŷn â'r mwyafrif Pabyddol, drwy ddangos bod y Gwyddyl Protestannaidd wedi cael perffaith chwarae teg pan syrthiodd yr awdurdod am ennyd i ddwylo'r Pabyddion. Roedd Thomas Davis yn awyddus iawn i bwysleisio parhad yr ymdeimlad o genedlaetholdeb dros y blynyddoedd. Teflir llawer o oleuni ar ei syniadau gwleidyddol a chenedlaethol yn *Udalism and Feudalism.* Mae llawer o'r traethawd yn ymwneud â thir-ddaliadaeth ar y cyfandir. Efallai mai un o'r dylanwadau cryfaf arno oedd y Ffrancwr, Augustin Thierry (1795-1856), hanesydd a chenedlaetholwr yr oedd ganddo yr un ffydd â Davis mewn cenhedloedd bychain rhydd, hunan-ymwybodol, a gâi fendithion addysg. Mynnai Thierry y dylid rhoi i'r gwer- inwr (*le roturier*) ei le yng ngogoniant hanes Ffrainc, ac y dylid casglu'n ofalus atgofion o 'anrhydedd' y werin ac o draddodiadau'r *bourgeoisie* hefyd.

Erbyn 1839, roedd dylanwad O'Connell wedi lleihau i'r fath raddau fel nad oedd ond difrawder tuag at achos Diddymu'r Ddeddf Uno. Anodd ar brydiau oedd gwybod yn iawn ble'r oedd O'Connell yn sefyll, a dadrithiwyd llawer. Er siom a digalondid i'w ddilynwyr roedd yn rhy dueddol i gyfaddawdu ar yr egwyddorion pwysicaf. Ond daeth tro ar fyd. Ym 1842, daeth tri gŵr ieuanc, Thomas Davis, John Blake Dillon, a Charles Gavan Duffy, ynghyd a sefydlu papur newydd wythnosol o'r enw *The Nation,* a mudiad newydd—*Young Ireland*—i fywiocáu mudiad Diddymu'r Ddeddf Uno. Er eu bod yn amheus o O'Connell, cefnogent ei ymgyrch a daethant â bywyd newydd i'r rhengoedd. Prif ddiben *The Nation,* oedd addysgu ac ysbrydoli'r genedl i ennill ei rhyddid. Gavan Duffy oedd y golygydd ond y prif ysgrifennwr oedd Thomas Davis.

Roedd *The Nation* yn llwyddiannus iawn. Nid gormod- iaith yw dweud na bu unrhyw bapur erioed yn Iwerddon mor ddylanwadol. Denodd yr holl elfennau rhyddfrydol a chenedlaethol o blaid Diddymu'r Ddeddf Uno. O fewn ychydig wythnosau i'w gyhoeddi, roedd ei gylchrediad bob wythnos ddwywaith cymaint ag unrhyw bapur Gwyddelig a fu o'i flaen. Yn ôl Duffy, cyrhaeddodd gylchrediad o chwarter miliwn o gopïau.

Cyfrannai Thomas Davis erthyglau bob wythnos. Sylweddolodd Duffy fod gwir angen cerddi a baledi gwlad- garol. Nid angof ganddo eiriau Fletcher o Saltoun, 'Rhowch i mi'r baledi a gall y sawl a fynno wneud y deddfau.' Dangosodd ddirnadaeth anghyffredin pan ddewisodd Davis i fod yn fardd Iwerddon Ifanc. Hyd yn hyn nid ysgrifennai Thomas Davis linell o farddoniaeth erioed ond argyhoeddwyd ef y gallai cerddi grymus, cyffrous, gwlatgar fod yn gyfrwng effeithiol i ddeffro'r ysbryd cenedlaethol—ac o weld yr angen aeth ati'n gydwybodol i'w ddiwallu. Cyn sefydlu *The Nation* nid oedd erioed wedi breuddwydio bod ynddo'r ddawn i fod yn fardd. Darganfu fod ganddo'r gallu i rigymu'n hawdd, ac fel y gwnaeth Ceiriog, cyfansoddodd gerddi ar gyfer alawon adnabyddus, a daethant yn boblogaidd ac yn ysbrydiaeth i lawer. Ym mlwyddyn olaf ei fywyd yr ysgrifennodd rai o'i gerddi gorau, ond wythnos ar ôl wythnos dros dair blynedd olaf ei fywyd cafwyd cerddi yn ogystal ag ysgrifau ganddo. Daeth teitl un o'i gerddi, 'A Nation Once Again' —yn fath o alwad i'r gad hyd heddiw. Dyma bedair llinell o'r gerdd i ddangos ei hansawdd:

> And then I prayed that I might see
> Our fetters rent in twain
> And Ireland, long a province, be
> A Nation once again.

Efallai, erbyn hyn, yr ymddengys cerddi Thomas Davis i rai ohonom yn rhigymau yn hytrach na barddoniaeth ond yn ei wlad ei hun ystyrid ef yn fardd da. Ni ellir gwadu dylanwad ei gerddi dros gyfnod maith ac adeg dathlu canmlwyddiant Davis, talai hyd yn oed W. B, Yeats deyrnged uchel iddo fel bardd.

Roedd gwir angerdd a diffuantrwydd amlwg yn llawer o'i gerddi a'i faledi. Yn ei lyfr, *National Ballads, Songs and Poems,* a gyhoeddwyd ar ôl ei farw, y mae dros bedwar ugain o gerddi. Yn eu plith, mae galarnad ar ôl Eoghan Ruadh (Owen Roe) O'Neill a fu farw (drwy gael ei wenwyno) ym 1649. Roedd O'Neill yn arwr a oedd wedi gorchfygu byddin Senedd Lloegr ym 1646; ac nid annhebyg i ing Gruffudd ab yr Ynad Coch oedd teimladau ei ddilynwyr o'i golli. Ceisiodd Thomas Davis roi mynegiant i'w trallod a'u dicter yn ei *Lament.* Mae'r gerdd yn enghraifft deg o ddawn Thomas Davis:

> Did they dare, did they dare to slay
>   Eoghan Ruadh O'Neill?
> Yes, they slew with poison, him they feared to
>   meet with steel.
> May God wither up their hearts! May their blood
>   cease to flow
> May they walk in living death who poisoned
>   Eoghan Ruadh.
>
> Wail, wail him through the Island! Weep, weep
>   for our pride!
> Would that on the battlefield our gallant
>   chief had died!
> Weep the Victor of Benburb, weep him, young men
>   and old,
> Weep for him, ye women, your Beautiful lies cold.
>
> Wail, wail ye for the Mighty one! Wail ye
>   for the Dead!
> Quench the heart, and hold the breath, with
>   ashes strew the head,
> How tenderly we loved him! How deeply we deplore!
> Holy Saviour, but to think we shall never see him more.

Dyma'r gerdd y dywedodd Yeats amdani, 'Mae iddi angerdd hen faled, mae ei darllen yn peri inni gofio Parnell a Wolfe Tone, i alaru am bob arweinydd a fu farw yn adfeilion ei achos, ac i glywed wylofain ei bobl.' Dangoswyd eisoes fod Thomas Davis yn ymwybodol iawn o'i waed Cymreig ac y mae ganddo un gerdd o leiaf, am Gymru. Roedd yn hoff iawn o'r alaw 'Rhyfelgyrch Gwŷr Harlech', a chyfansoddwyd y gerdd *Cymric Rule and Cymric Rulers* i'w chanu ar y dôn honno. Yn y gerdd hon ysgrifennodd fel pe bai ef ei hun yn Gymro, fel y dengys y pennill cyntaf:

Once there was a Cymric nation,
Few its men, but high its station—
Freedom is the soul's creation,
   Not the work of hands.
Coward hearts are self-subduing,
Fetters last by slaves' renewing—
Edward's castles are in ruin
   Still his empire stands,
   Still the Saxon's malice
   Blights our beauteous valleys
Ours the toil but his the spoil and his the
                laws we writhe in,
Worked like beasts that Saxon priests may
                riot in our tithing,
   Saxon speech and Saxon teachers
   Crush our Cymric tongue!
   Tolls our traffic binding
   Rents our vitals grinding,
Bleating sheep, we cower and weep, when by
                one bold endeavour,
We could drive from out our hive those Saxon
                drones for ever,
   "Cymric Rule and Cymric Rulers",
   Pass along the word!

Yn ogystal â'r cerddi gwlatgar, cenedlaethol, roedd ganddo hefyd gerddi serch a cherddi natur. Swynol a sentimental yw'r cerddi serch ac ymdrin â serch yn unig a wna'r rhan fwyaf ohonynt, ond hyd yn oed yn rhai o'r cerddi hyn daw'r nodyn gwladgarol i mewn. Ysgrifennai Davis yn aml dan y ffugenw *Celt* neu *True Celt*. Gall unrhyw feirniad ddarganfod gwendidau yn ei gerddi ond rhaid cydnabod eu dynoliaeth a'u hangerdd. Dywedir mai gwaith llenyddol Thomas Davis a roes y mynegiant gorau a llawnaf i'r teimlad cenedlaethol a oedd yn y dyfodol i ysgwyd yr Ymerodraeth Brydeinig i'w gwraidd. Davis, yn fwy na neb arall ar y pryd, a wnaeth fwyaf i greu, i ysbrydoli, ac i foldio'r ymdeimlad cenedlaethol ymysg y Gwyddyl. Rhoes arf aruthrol yn llaw O'Connell ac ym 1843 roedd O'Connell eto megis brenin yn Iwerddon. Pe bai wedi symud bys—ac ef yn unig a allai roi'r arwydd—byddai wedi rhoi terfyn ar rym ac awdurdod Prydain yn Iwerddon; ond gwrthod symud a wnaeth. 'Duw faddeuo iddo am hynny,' meddai John Mitchel. Parodd ei agwedd lawer o ddiflastod a siomedigaeth, ond nid un i laesu dwylo oedd Thomas Davis. Aeth ymlaen â'i ysgrifennu. Dyma ychydig o'r llu o destunau y bu'n ymdrin â hwy: *Arferion y Werin; Cyflwr y Werin, Pobl Iwerddon—Arglwyddi, Boneddigion, Cyffredin; Cerddoriaeth a Barddoniaeth Iwerddon; Adnoddau Iwerddon; Hanes Baledi Iwerddon; Llyfrgell Iwerddon; Hanes Heddiw; Tyrau Crwn Iwerddon; Hynafiaethau Iwerddon; Celfyddyd Genedlaethol, 'Addysgwch fel y byddoch rydd.'*

Un o'r traethodau mwyaf diddorol i ni yw *Ein Hiaith Genedlaethol.* Mae'n werth dyfynnu ohono:

'. . . Nid yw cenedl heb iaith ond hanner cenedl. Dylai cenedl warchod ei hiaith yn fwy na'i thiriogaeth—mae'n wrthglawdd sicrach, ac yn amddiffynfa bwysicach na chaer neu afon . . . Colli eich iaith eich hun, a dysgu iaith estronwr yw arwydd gwaethaf concwest—mae'n gadwyn ar yr enaid. Marwolaeth yw colli'r iaith genedlaethol yn llwyr.'

Cyfeiria Davis at yr Alban ac at Gymru 'Mae gobaith am yr Alban, gobaith cryf am Gymru' ac yna â ymlaen, 'Ni all dim wneud inni gredu ei bod yn naturiol ac anrhydeddus i'r Gwyddyl siarad iaith yr estron, y goresgynnwr, y gormeswr o Sais, a rhoi'r gorau i iaith ein brenhinoedd a'n harwyr.' Credai'n gryf y dylai'r 'dosbarthiadau uchaf' ddysgu'r Wyddeleg fel esiampl i'r werin. 'Byddai'n fwy defnyddiol mewn bywyd ac yn fwy o wasanaeth i chwaeth ac athrylith ein pobl ieuainc . . . i Wyddel neu Wyddeles siarad, canu ac ysgrifennu Gwyddeleg yn hytrach na Ffrangeg . . . Ar hyn o bryd mae'r dosbarthiadau canol yn meddwl mai arwydd o israddoldeb yw siarad Gwyddeleg.

Saesneg, a Saesneg yn unig, a ddysgir i'r plant yn yr ysgolion, a'r hyn sy waeth, cânt eu hannog gan wobrau a chosbau i'w siarad gartref, oherwydd Saesneg yw iaith eu meistri. Yn awr, credwn y byddai esiampl ac egnïon y dosbarthiadau uchaf yn ddigon i osod y ffasiwn wrthgyfer-byniol a gwell o roi'r flaenoriaeth i'r Wyddeleg.'

Cymaint oedd diddordeb Thomas Davis yng Nghymru a'r Alban fel y rhoes sylw i'r ddwy genedl yn *The Nation*. Ymdrinia â'u problemau o safbwynt gwladgarwr o Wyddel e.e. ynglŷn â Chymru:

'Yr ydym newydd agor *McCulloch's Geographical Dictionary* i gael rhai ystadegau Cymreig. Wrth yr enw *Wales* cawsom ein cyfeirio at *England and Wales* ac wrth *England and Wales* nid oedd dim arbennig ar y Dywysogaeth ac yr oedd yr hyn a oedd yno yn israddol i'r wybodaeth ar Cumberland neu'r rhan fwyaf o sir-oedd Lloegr . . . Ac a ydyw'r amser, meddem ni, wedi malurio'r llwyth ystyfnig, tanbaid hwnnw o Geltiaid, a drechodd Plantagenet, a sangodd mor aml ar lurigau'r Norman, a blygai weithiau yn yr haf, ond a godai o hyd pan ddeuai elfennau geirwon y gaeaf i'w helpu? A yw'r genedl honno a safodd o dan Lywelyn ac a ymgyrchodd o dan Owain Glyndŵr wedi marw? . . . A ydyw proffwydoliaeth deuddeg canrif yn ffals? A yw'r bobl a'r iaith wedi darfod? Nac ydynt! er gwaethaf llofruddio'r beirdd a llosgi'r dogfennau, er gwaethaf difodiant gwleidyddol, y mae miliwn o'r Cymry hyn yng Nghymru ac y mae naw o bob deg yn siarad eu hen iaith, yn canlyn eu hen arferion, yn canu'r cerddi a wnaed gan y rhai sy'n huno ar Eryri, yn cynnal eu defodau crefyddol yn Gymraeg ac yn casáu'r Sais lawn cymaint â'u teid-iau . . . Gallai naw ar hugain o aelodau (seneddol) Cym-reig wneud llawer pe baent yn unedig, yn arbennig felly drwy gyd-weithredu ag aelodau Iwerddon a'r

Alban, i hawlio eu cyfran o'r gwariant ymerodrol . . .
Mae gan filiwn o Gymry sydd eto ar wahân yn eu
mynyddoedd ac sydd o'r un gwaed â ni a chanddynt
iaith bron fel ein hen iaith ddi-Saesneg ni gystal hawl i
senedd . . . ag sydd gan y 700,000 o bobl gwlad Groeg
neu hanner miliwn Cassel neu Mecklenburgh i anni-
byniaeth. Ymddengys mai Ffederaliaeth yw'r modd
naturiol a gorau i wlad fel Cymru, i warchod ei chyfoeth
a'i hiaith a'i chymeriad rhag gormes ymerodrol a'i thir
rhag goresgyniad estron.'

Yn ei holl waith llenyddol, dengys Thomas Davis ei gyd-
ymdeimlad â chenhedloedd gorchfygedig. Cefnogai bob
amser eu safiad yn erbyn gormes ymerodrol. Gyda rhyw
allu gwefreiddiol i ennill clust y cyhoedd, datblygodd ei
egnïon fel gwladweinydd, fel awdur llu o erthyglau politic-
aidd ac fel bardd. Edmygid ef gan bawb, hyd yn oed gan
lawer y gellid disgwyl i'w rhagfarnau gwleidyddol a
phersonol eu cadw rhag cydnabod hynny. Roedd rhyw
foneddigeiddrwydd ac urddas anghyffredin yn ei gymeriad.
Edrychai ar y werin fel disgynyddion o'r hen Iwerddon
ysblennydd yr oedd mor hoff o feddwl amdani. Ei ysbryd ef
oedd yn arwain mudiad *Young Ireland.* Ef a sefydlodd yr
egwyddor o genedlaetholdeb Gwyddelig a gyfunai'r holl
bobl o ba waed bynnag yr oeddynt—pob dosbarth a phob
credo. Gwnaeth yn eglur mai rhywbeth ysbrydol yw
cenedlaetholdeb. Os oedd y genedl i fyw, roedd yn rhaid
diogelu'r bywyd mewnol a'r bywyd allanol. Dywedodd
Padraig Pearse, nad yn gymaint yr hyn a wnaeth ac a
ddywedodd Thomas Davis oedd yn cyfrif am ei fawredd,
ond yr hyn oedd. Yn ôl Pearse, y ffurf uchaf ar athrylith yw
sancteiddrwydd; a dyna'r athrylith oedd gan Davis.

Pan oedd fwyaf ei eisiau, bu farw Thomas Davis o'r
dwymyn goch yn Nulyn, Medi 16, 1845, ac yntau yn ddim
ond 31 oed. Pe bai wedi cael byw mae'n eithaf tebyg y
byddai wedi newid cwrs hanes Iwerddon. Ar ei ôl collodd

The Nation ei nerth a'i brif ysbrydiaeth. Teimlai *Young Ireland* yn ddiymadferth; cydiodd digalondid yn y mudiad ac yna daeth y Newyn Mawr a'i erchyllterau, fel pe bai i roi terfyn am byth ar werin Iwerddon a'r Wyddeleg.

Pennod VI

PETER O'LEARY

Clywir y dyddiau hyn lawer o feirniadu ar Brifysgol Cymru fel Prifysgol Lloegr yng Nghymru, a theg, ysywaeth, yw'r feirniadaeth; ond hyd yn hyn ni chlywais am Brifysgol Cymru ddim tebyg i'r feirniadaeth chwerw a glywais am un o golegau Iwerddon sef Coleg Sant Padrig, Maynooth, athrofa'r Eglwys Gatholig. Clywais Wyddyl gwlatgar, da, a hwythau'n Babyddion selog hefyd, yn condemnio ac yn damnio Coleg Maynooth am ei agwedd, dros lawer o flynyddoedd, er nad yr holl amser, tuag at genedlaetholdeb Iwerddon a'r iaith Wyddeleg. Sylfaenwyd Maynooth (yn swydd Kildare, heb fod ymhell o Ddulyn) gan y Senedd, ddiwedd y ddeunawfed ganrif, i hyfforddi dynion ieuainc i fod yn offeiriaid yn yr Eglwys Babyddol. Cyn hynny hyfforddid hwy mewn colegau ar y cyfandir, ond daeth ofn, os nad dychryn, ar y Sefydliad a'r Llywodraeth y câi'r myfyrwyr eu dylanwadu gan y syniadau chwyldroadol a oedd mor gyffredin ar y cyfandir, ac felly penderfynwyd bod rhaid cael coleg iddynt yn Iwerddon er mwyn cadw llygad arnynt a'u codi'n gaeth ac yn deyrngar i goron Lloegr. Prynwyd teyrngarwch y coleg drwy roi grant blynyddol iddo a choleg Saesneg wrth gwrs ydoedd. Cymhleth y taeog ynglŷn ag Iwerddon a'r Wyddeleg oedd gan lawer o'r myfyrwyr cyn mynd i'r coleg a dyfnhau'r taeogrwydd hwn a wnâi'r hyfforddiant a gaent. Er hynny cydnabyddir bod Maynooth yn troi allan offeiriaid da; fel offeiriaid roeddynt yn gadarn,

55

yn ddi-ofn ac yn gydwybodol. Gwnâi'r rhinweddau hyn eu taeogrwydd yn gwrthwynebu rhyddid i Iwerddon a'u gelyniaeth tuag at yr Wyddeleg yn waeth fyth ac yn fwy peryglus. Ond yr oedd eithriadau godidog. Ym Maynooth yr oedd weithiau athrawon a myfyrwyr selog a goleuedig eu hagwedd tuag at yr iaith a chendlaetholdeb yn gyffredinol. Teg yw dweud bod awdur a gyhoeddodd lyfr mor ddiweddar â 1970 yn canmol,—nid yn uchel efallai, ond er hynny yn canmol—Maynooth am ei Wyddeleg. Ymddengys fod newid ar bethau.

Tua dechrau'r ganrif ddiwethaf dysgwyd rhywfaint o Wyddeleg yn y coleg, ac ar ôl ei ordeinio ym 1804 hyd ei farw ym 1820, bu cyn-fyfyriwr, sef Paul O'Brien, yn Athro Gwyddeleg yno (y cyntaf un). Gwyddeleg oedd iaith gyntaf O'Brien. Roedd yn fardd poblogaidd ac yn ysgolhaig, a phleidiai achos yr iaith yn ddi-baid gydag awdurdodau'r eglwys. Bu farw'n ifanc a gadawyd i'r Athro Diwinyddiaeth, y Dr. John MacHale, gario'r faner yn ei le, ond ar ôl ychydig o flynyddoedd trosglwyddwyd ef i'r gorllewin. Am gyfnod hir, dim ond ei lais ef, megis llais yn llefaru yn y diffeithwch, a glywid yn rhybuddio yn erbyn Seisnigeiddio Iwerddon. Mae'r gwron hwn yn haeddu sylw.

Ganed John MacHale (1791-1881) yn swydd Mayo. Gwyddeleg oedd ei famiaith ef hefyd ond dysgodd Saesneg yn yr 'ysgol fach' leol lle cafodd ei addysg gynnar. Dysgwyd Saesneg iddo gartref hefyd a bu'n ddisgybl i ysgolhaig Gwyddeleg a drigai yn yr ardal. Mae'n debyg mai hwnnw, ynghyd â chreulonderau'r Prydeinwyr ar ôl Gwrthryfel '98, a ffurfiodd ei deyrngarwch i'r Wyddeleg a'i genedlaetholdeb cadarn. Ar ôl bod mewn Ysgol Glasurol aeth i Maynooth. Bu'n llwyddiannus iawn ac yn 23 oed, cyn ei ordeinio, apwyntiwyd ef yn Ddarlithydd mewn Diwinyddiaeth yn y coleg ac ym 1820 yn Athro. Ym mhen ychydig o flynyddoedd penodwyd ef i gynorthwyo Esgob Killala. Erbyn hyn roedd yn adnabyddus iawn oherwydd ei lyth-

yrau i'r wasg a'i gefnogaeth frwd i'r ymgyrch dros Rydd-
freiniad y Pabyddion. Ym 1834 dyrchafwyd ef yn Arch-
esgob Tuam er i'r Llywodraeth wneud popeth yn ei gallu i'w
rwystro. Ef oedd y prelad cyntaf oddi ar y Diwygiad i gael ei
holl addysg yn Iwerddon. Ar hyd ei fywyd hir fe'i profodd ei
hun yn elyn anghymodlon i ben-arglwyddiaeth Lloegr yn
Iwerddon. Fe'i gelwid yn 'llew yn y gorlan'. Gwrth-
wynebai'r Llywodraeth yn ffyrnig a dewr yn ystod y Newyn
Mawr, gwrthwynebai yr un mor ddewr y cynlluniau addysg
a fwriedid i ddistrywio iaith a diwylliant y Gwyddel. Roedd
ychydig, mae'n wir, o esgobion eraill nad oeddynt yn
esgeuluso'r Wyddeleg yn eu hymwneud â'u praidd, ond
roedd MacHale ar ei ben ei hun. Cyfieithodd i'r Wyddeleg
Iliad Homer, a rhan o'r Hen Destament ynghyd â holwydd-
oreg, emynau a llyfr gweddi, a rhai o gerddi Thomas Moore.
Aflwyddiannus fu ei waith llenyddol a hynny'n bennaf
oherwydd iddo ddefnyddio iaith farwaidd hynafiaethol ond,
er hynny, ni bu heb gryn ddylanwad. Un diwrnod roedd ef
ac esgobion eraill ym Maynooth yn gwrando ar fyfyriwr
ifanc yn darllen traethawd ar bwnc llenyddol a enillasai
wobr i'r myfyriwr. Eisteddai MacHale yn y canol yn
gwrando'n astud ac wedi i'r myfyriwr orffen dywedodd
wrtho: 'Gwnaethoch yn dda . . . Canmolasoch lenyddiaeth
Groeg, canmolasoch lenyddiaeth Rhufain. Canmolasoch
lenyddiaeth Ffrainc a Sbaen a'r Almaen—yna fe ganmol-
asoch—a hynny'n uchel—lenyddiaeth Lloegr. Ac wele! Ni
ddywedasoch gymaint ag un gair am lenyddiaeth
Iwerddon'. Roedd y myfyriwr y bu'r Archesgob MacHale yn
edliw iddo esgeuluso llenyddiaeth ei wlad ei hun yn gallu
siarad Gwyddeleg yn rhwydd. Agorwyd ei lygaid a sylwedd-
olodd i'r byw ei gamgymeriad yn anwybyddu llenyddiaeth
Wyddeleg. Y myfyriwr hwnnw oedd Peter O'Leary a ddaeth
yn un o'r ysgrifenwyr Gwyddeleg amlycaf.

Ganed Peter O'Leary—neu Peadar Ua Laoghaire, fel yr
ysgrifennai ei enw yn aml, yn Liscarrigane, swydd Corc, ym

1839. Gwyddeleg oedd ei iaith gyntaf. Roedd ei fam wedi cael addysg dda a hi a ddysgodd Saesneg iddo fel ail iaith. Roedd ei Gwyddeleg hi hefyd yn dda ac ymfalchïai ei mab fod ganddo felly o'r dechrau 'ddau gleddyf meddwl', Gwyddeleg a Saesneg. Enillodd feistrolaeth ar y ddwy iaith. Ar ôl bod mewn amryw ysgolion aeth i Goleg Colman, Fermoy, ac yna ymlaen i Maynooth lle'r ordeiniwyd ef yn offeiriad ym 1867. Roedd yn ymwybodol iawn o'i genedl a gofidiai pan welai arwyddion o daeogrwydd ac o'r iaith yn cilio. Dilornwyd llawer ar Maynooth a'i offeiriaid am eu hagwedd tuag at y Ffeniaid a pharai hyn gryn loes i O'Leary. Er ei fod ef ei hun yn Wyddel gwlatgar ni allai gefnogi'r Ffeniaid, nid o ddiffyg cydymdeimlad â'u hamcanion ond oherwydd ei fod yn ofni'r canlyniadau erchyll a allai ddig-wydd yn sgîl eu gweithredoedd a'u gwrthryfel ym 1867, sef y byddai llawer ohonynt yn cael eu trawsgludo dros y moroedd, eu cadw mewn cadwyni neu eu crogi. Nid oes amheuaeth ynglŷn â theimladau O'Leary ei hun. Iddo ef, 'diawl gwarcheidiol Lloegr' oedd y *Times*. 'Gwyddwn yn rhy dda', meddai ef, 'fod y Saeson yn defnyddio'r sawdl haearn yn Iwerddon ac oherwydd hynny roedd gennyf gasineb ffyrnig yn erbyn y Saeson'.

Bu'n offeiriad mewn gwahanol leoedd a bu'n dysgu Gwyddeleg mor llwyddiannus gan ennyn y fath frwd-frydedd fel y parhâi rhai o wŷr ieuainc ei ddosbarthiadau i ddod ato am wersi er iddo gael ei symud gryn bellter i ffwrdd. Ef oedd un o'r offeiriaid cyntaf i sylweddoli'r niwed aruthrol a wneid i'r bobl trwy golli eu hiaith a'u diwylliant a thrwy Seisnigeiddio gwaradwyddus yr Ysgolion Cened-laethol. Ef hefyd oedd un o'r rhai cyntaf i wneud ymdrech i adfer yr Wyddeleg trwy roi gwersi ffurfiol yn yr iaith i'r ieu-ainc. Bu amryw, a ddaeth yn enwog, yn mynychu ei ddarlithiau e.e. yr Archesgob Mannix a Padraig Pearse. Yn wir, roedd ei syniadau am addysg yr ysgolion mor debyg i eiddo Pearse fel y gellir teimlo mai ef a blannodd ym meddwl Pearse had yr hyn a geir yn *The Murder Machine*. Ym 1891 apwyntiwyd ef yn offeiriad plwyf yn Castlelyons ac yr oedd yn offeiriad poblogaidd iawn; *An tAthair Peadar* oedd i'w bobl, Canon O'Leary yn ddiweddarach. Nid hawdd i Wyddel oedd bod yn offeiriad gwlatgar, nid peth hawdd oedd noddi'r Wyddeleg fel y gwnâi ef gan fod yr hierarchaeth ar y cyfan mor elyniaethus. Dyna e.e. y Cardinal Cullen. Darganfu hwnnw, gyda'r braw mwyaf, fod rhai o'i glerigwyr yn mynychu dosbarthiadau Gwyddeleg a gynhelid gan y Ffeniad O'Donovan Rossa, a gwaharddwyd hwy rhag mynd i'r gwersi. Ym 1870 llwyddodd Cullen a Llywodraeth Prydain i gael Rhufain i ysgymuno'r Ffeniaid ond mae lle i gredu na roddwyd yr ysgymuniad mewn grym yn esgobaeth Tuam nac yn esgobaeth O'Leary ei hun.

Ym Mawrth 1878 cyhoeddodd O'Leary lythyr yn y wasg ynglŷn â dysgu Gwyddeleg—llythyr a dynnodd lawer o sylw. Roedd pethau'n newid er gwell ym Maynooth hefyd. Ym 1882 ffurfiodd un o'r myfyrwyr Gymdeithas Wyddeleg yn y coleg. Ychydig o lwyddiant a gafodd ond daeth y myfyriwr ifanc hwnnw ym 1891 yn Athro'r Wyddeleg ym Maynooth—y cyntaf am amser maith, a'i enw oedd Eugene O'Growney. Ganed ef yn swydd Meath ym 1863 ond er ei fagu heb wybodaeth o'r Wyddeleg, dechreuodd ymddiddori yn yr iaith pan oedd yn fachgen ysgol a llwyddodd i'w ddysgu'n drylwyr. Ym mlwyddyn ei benodi'n Athro'r Wyddeleg, penodwyd ef hefyd yn olygydd y *Gaelic Journal.* Cyhoeddodd gyfres o wersi Gwyddeleg—*Simple Lessons in Irish*—yn *The Weekly Freeman* ac yn ddiweddarach yn llyfr, a dywedir bod miloedd wedi dysgu Gwyddeleg drwy gymorth y llyfr hwn. Roedd O'Growney yn un o gyd-sylfaenwyr Cynghrair yr Wyddeleg. Gweithiodd yn rhy galed, collodd ei iechyd a bu'n rhaid iddo ymddeol. Aeth i Galiffornia i geisio adferiad ond bu farw yn Los Angeles yn 36 oed. Un o gefnogwyr cyntaf Cynghrair yr Wyddeleg oedd Canon O'Leary—ac etholwyd ef yn Is-Lywydd. Pan ddygwyd gweddillion O'Growney yn ôl o America i'w claddu ym Maynooth traddodwyd anerchiad i anrhydeddu'r gŵr marw gan O'Leary yng Nghorc a chan Padraig Pearse yn Nulyn.

Y gŵr a wnaeth lenor o O'Leary oedd Eoin MacNeill, olynydd i O'Growney fel golygydd y *Gaelic Journal*, yntau hefyd yn un o gyd-sylfaenwyr Cynghrair yr Wyddeleg. Roedd O'Leary wedi cyhoeddi amryw fân bethau yn y wasg, ac ym 1894 sylwodd MacNeill ar un o'i storïau ac fel golygydd y *Gaelic Journal* gofynnodd i O'Leary gyflwyno storïau. Erbyn hyn roedd Canon O'Leary yn hanner cant a phump oed a rhoes gwahoddiad MacNeill symbyliad newydd iddo, a meddiannwyd ef o hyn ymlaen gan ryw ysfa anniwall i ysgrifennu a bu'n ysgrifennu'n ddiddiwedd weddill ei oes, am chwe blynedd ar hugain. Ychydig o debygrwydd sydd rhwng storïau O'Leary a storïau gorffenedig ysgrifenwyr fel Pearse neu Ó Conaire— storïau sy'n ymwybodol yn ffurf ar gelfyddyd. O'r braidd y gellir galw storïau O'Leary yn llenyddiaeth. Yr hyn a geir ganddo yw *gearrscéalta*—y math o straeon bychain difyr y gellid eu hadrodd o gwmpas y tân, chwedlau gwerin wedi'u sylfaenu ar gymeriadau arbennig—a'r gorau ohonynt yn brydferth gyda rhyw gelfyddyd anymwybodol ynddynt heb sôn am eu gwerth fel dogfennau hanes cymdeithasol. Cyhoeddwyd bron y cyfan o waith O'Leary gyntaf mewn papurau newyddion a chylchgronau ac yna yn llyfrau e.e. cyhoeddwyd casgliad o'i straeon ym 1918 a chyfrol arall ym 1919.

Pan ddechreuodd y mudiad i adfer yr Wyddeleg yn y nawdegau, un broblem fawr a wynebai ysgrifenwyr Gwyddeleg oedd pa fath iaith i'w defnyddio. Gwelsom mai annaturiol a hynafiaethol oedd yr Wyddeleg a ddefnyddiai'r Archesgob MacHale. Yn ôl yr Athro Caerwyn Williams, tuedd arweinwyr cyntaf Cynghrair yr Wyddeleg, y rhai na ddysgasant yr iaith yn famiaith, oedd 'chwilio hen lyfrau a llawysgrifau am idiomau a phriodddulliau ac yn aml yr oedd sawr hynafiaith ar yr iaith a ddefnyddient. Yr oedd y Canon Peter O'Leary yn eithriad i'r mwyafrif . . . nid oedd ganddo fawr amynedd at yr Wyddeleg hynafiaethol a siaradai ac a ysgrifennai rhai o'i gyfoeswyr. Penderfynodd wneud yr iaith lafar yn iaith lenyddol a bwriodd iddi i sgrifennu storïau ac erthyglau a oedd yn gyforiog o idiomau'r iaith a ddysgodd fel plentyn'. Ei brif ddiddordeb, fel y dywed ef ei hun, oedd 'yr iaith fyw yng ngenau'r bobl'. Troes ei gefn ar bopeth henaidd nad oedd yn berffaith syml a chlir. Iaith gwerin swydd Corc a ddefnyddiai, a dangosodd, er syndod i lawer, y gallai iaith lafar gyffredin y werin bobl, o'i defnyddio'n gelfydd, fod yn gyfrwng addas i lenyddiaeth. Ni ellir honni bod O'Leary yn llenor mawr ond yr oedd yn llenor cynhyrchiol dros ben. Cyhoeddwyd ei waith yn rhyw ddeugain o lyfrau heb sôn am ryw ugain o fân gyhoeddiadau eraill. Gelwid ef yn ei ddydd 'yn feistr mwyaf rhyddiaith Wyddeleg' ond beirniedid ei waith yn llym gan rai. Nid yn gymaint yr hyn a gyflawnodd ef ei hun sy'n bwysig ond yr arweiniad a gafwyd ganddo. Ysgrifennodd lawer ar gyfer dysgwyr yr Wyddeleg a dilynwyd ei esiampl gan ysgrifenwyr yn rhannau eraill Iwerddon.

Tybia llawer mai ei *Séadna*—math o drosiad o chwedl werin—yw ei waith gorau. Amrywiad ydyw o'r thema gyffredin am ddyn yn gwerthu ei enaid i'r diafol. Mae O'Leary yn cydnabod ei ddyled am y llyfr hwn i'r hyn a glywodd gan ferch ifanc uniaith Wyddeleg. 'Byddai'r ferch hon yn dweud storïau wrthym. Hi a ddywedodd y stori *Séadna*. Pan oeddem i gyd yn ifanc iawn gwrandewais arni a chedwais y stori yn fy mhen a'i gosod i lawr mewn llyfr ar ôl llawer o flynyddoedd'. Galwai ef y stori yn nofel. Dechreuodd ei chyhoeddi yn y *Gaelic Journal* ym 1894, a gwelwyd yn fuan, er bod ynddi ddiffygion, ei bod yn waith llenyddol pwysig. Ymhyfrydai Pearse ynddo. 'Llenyddiaeth o'r diwedd', oedd ei farn ef, ac ystyriai von Sydow o Sweden ei bod yn deilwng o'i chymharu â *Faust* Goethe. Yn ôl y diweddar Athro

Máirtin O Cadhain, âi O'Leary ymhellach na hynny a hawlio bod ei stori ef yn well na *Faust*. Erbyn hyn mae gwahaniaeth barn ynglŷn â gwerth *Séadna* ond nid oes unrhyw amheuaeth nad yw rhannau o'r llyfr yn brydferth iawn. Dangosodd yr hyn y gellid ei wneud a rhoes ergyd farwol i'r gred na allai 'iaith y bobl' fod yn gyfrwng llenyddol. Dywed O'Leary ei hun am y llyfr: 'Plesiodd y llyfr bawb, yr ifanc a'r hen. Darllenwyd ef i'r hen bobl ac apeliodd atynt; ynddo clywsant (rhywbeth nas clywsent erioed cyn hynny!) eu math hwy o iaith yn dod allan o lyfr'. Bu *Séadna* yn llwyddiant mawr ac edrychid ar yr awdur gan lawer fel awdurdod ar iaith ac arddull. Er bod ei nofel hanesyddol *Niamh,* a gyhoeddwyd ym 1907, wedi creu cryn argraff nid yw mor bwysig â *Séadna*. Eto, roedd yn ddigwyddiad cofiadwy, fel yr oedd ei ddramâu. Ni wyddai'r Canon ddim am y theatr ond ef a ysgrifennodd y dramâu cyntaf yn yr iaith! sef *Tadhg Saor a Bas Dallain* a gyhoeddwyd yn llyfrau ym 1900. Ysgrifennodd o leiaf dair drama arall. Gellir dychmygu eu safon fel dramâu ond nid hynny oedd yn bwysig i'r awdur ond y ffaith eu bod yn yr Wyddeleg.

Daeth O'Leary yn enwog hefyd am drosi i Wyddeleg Fodern tua dwsin o hen sagâu a chwedlau o'r Canol Oesoedd. Nid oedd ganddo lawer o olwg ar rai o'r pethau yn y storïau, a newidiodd gryn dipyn arnynt, yn arbennig felly pan deimlai eu bod yn dychanu'r Eglwys neu'n rhy nwydus eu naws. Roedd ganddo lawer o ragfarnau, rhagfarnau offeiriadol, efallai. Yn ôl yr Athro David Greene, nid bendith i gyd ym marn y Canon oedd cyhoeddi *Love Songs of Connacht* Douglas Hyde. 'Mae'r cerddi serch hyn yn gwneud niwed mawr i'r Wyddeleg' oedd ei farn ef; roeddynt yn mynd yn rhy bell! Gallent droi pobl 'barchus' oddi wrth ddysgu Gwyddeleg! Un o'r llyfrau gosod am arholiad y *matriculation* oedd *Deoraidheacht,* nofel Ó Conaire, nofel sy'n disgrifio treialon a themtasiynau Gwyddel ifanc yn

Llundain. Roedd hyn yn ormod i O'Leary ac ym 1917 ceisiodd gael gwared o'r llyfr o'r cwrs oherwydd ei fod, yn ei farn ef, yn llyfr anfoesol! Dywedodd na byddai wedi cefnogi'r ymgyrch i gael Gwyddeleg yn arholiad y *matriculation* pe bai'n gwybod y byddai hynny'n arwain i'r fath anfri! Er mai peth bach efallai ynddo'i hun yw hyn, mae'n taflu golau ar anawsterau awduron yn Iwerddon yr adeg honno. Bum mlynedd ynghynt—ym 1912—y distrywiwyd tudalennau *Dubliners* Joyce ar ôl ffraeo diddiwedd rhwng argraffydd a chyhoeddwr.

Er ei holl ragfarnau a'i holl anwadalwch, rhoes cyfieithiadau O'Leary, fel popeth a wnâi, fomentwm sylweddol i'r adfywiad llenyddol yn yr Wyddeleg. Dywedir bod ei gyfieithiadau yn aml yn darllen fel gweithiau gwreiddiol. Yr unig beth Sbaeneg am ei *Don Quixote* e.e. yw'r enw. Roedd ei ddull o gyfieithu yn addas iawn i *Chwedlau Aesop* ac y mae toreth o bethau gwerthfawr yn ei drosiadau. Fel y gellid disgwyl, mae ganddo lawer o weithiau crefyddol—yn eu plith *Y Pedair Efengyl, Actau'r Apostolion, Storïau o'r Beibl, Tair ar hugain o Bregethau, Y Macabeaid* ynghyd â llyfrau gweddi a Holwyddoreg a chyfieithiad prydferth o Thomas à Kempis. Llyfr crefyddol oedd yr olaf o'i holl weithiau—sef hanes bywyd Crist—*Críost Mac Dé*—a ddechreuodd pan oedd yn ddeunaw a thrigain oed. Pwysig iawn hefyd yw ei weithiau ar ramadeg Gwyddeleg. Mae teitlau rhai o'r llyfrau hyn yn dangos pa beth ydynt e.e. *Papers on Irish Idiom, Irish Prose Composition, Notes on Irish Words and Usages.*

Un o'i lyfrau mwyaf diddorol ac un o'r pwysicaf ar amryw ystyron yw *Mo Scéal Fein* (Fy Stori fy Hun), sef ei hunangofiant a gyhoeddwyd gyntaf ym 1915. Pan ymddangosodd, croesawyd ef â'r brwdfrydedd mwyaf. Dyma'r llyfr cyntaf o'i fath mewn Gwyddeleg Modern, wedi'i ysgrifennu gan ŵr a oedd, fel y dywedodd un o'i gyfoeswyr ym mudiad yr iaith, 'yn dduw bach inni oll'. Er bod rhannau o'r llyfr yn anniddorol, y mae digon sy'n ddiddorol iawn e.e. y bennod ar y Newyn a'r bennod ar Maynooth. Teimlai rhai y dylai fod wedi ysgrifennu llyfr hollol wahanol ond, beth bynnag am hynny, dechreuodd ffasiwn yn yr Wyddeleg. Y mae i gofiannau apêl arbennig i'r Gwyddyl. Ym 1929 ymddangosodd y clasur *An tOileánach* (Yr Ynyswr) gan Tomás O Criomhthain o Ynys y Blasket. Daeth hwn yn fath o glasur hefyd yn y cyfieithiad Saesneg—*The Islandman* gan Robin Flower, ac ym mhen chwe blynedd cafwyd *Twenty Years A- Growing,* cyfieithiad o lyfr Muiris O Súilleabháin, llyfr arall a ddaeth yn enwog.

Mae hunangofiant Canon O'Leary yn ddogfen bwysig o hanes cymdeithasol, ac y mae'n unigryw gan fod bywyd yr awdur yn ymestyn o amser y Newyn Mawr hyd at sefydlu Gwladwriaeth Rydd Iwerddon. Ofer yw chwilio ynddo am fanylion gwleidyddol. Pobl oedd ei ddiddordeb ef bob amser, ac yn fwy na dim, y gymdeithas yr oeddynt yn rhan ohoni. *Fy Stori fy Hun* y geilw ef ei fywgraffiad ond y mae'n fwy na hynny. Stori ei bobl ydyw hefyd. Roedd ganddo ddwy iaith at ei wasanaeth. Gallai ysgrifennu Saesneg graenus a gallasai fod wedi ysgrifennu ei hunangofiant yn Saesneg ond yr Wyddeleg a ddewisodd. Ysgrifennai'n ddiddiwedd i'r wasg ar unrhyw fater a oedd yn ei farn ef yn teilyngu sylw. Roedd yn barhaus yng nghanol rhyw ddadl neu ymryson ond wrth ymdrechu i lunio cymeriad ei bobl yr oedd yn adeiladu cenedl. Yn ei blwyf ef ei hun y gwelwyd y brwydro mwyaf yn swydd Corc, adeg Gwrthryfel 1916. Eironig yw meddwl na bu byw i weld un arall o feibion swydd Corc, sef Michael Collins, yn ysgwyd sylfeini yr Ymerodraeth Brydeinig, ond eto arbedwyd ef rhag gweld ei hoff gymdeithas yn cael ei rhwygo gan y Rhyfel Cartref.

Nid aeth ei holl ymdrechion heb eu cydnabod. Llwyddodd i ennill serch ei bobl, ac yn Ebrill 1912 rhoddwyd iddo ef ac i'r Athro Kuno Meyer a'r Athro Osborn Bergin ryddfraint dinas Dulyn am eu gwasanaeth i'r Wyddeleg, a'r un diwrnod gwahoddwyd y tri i Goleg Maynooth. Cafodd y Canon O'Leary a'r Dr. Kuno Meyer ryddfraint dinas Corc hefyd a chawsant bob anrhydedd.

Bu farw Peter O'Leary, Mawrth 20, 1920—y diwrnod y llofruddiwyd Tomás MacCurtain, Arglwydd Faer Corc. Bu ei fywyd yn llawn hyd yr ymylon. Rhoes wasanaeth gwiw i'r Wyddeleg ac, er ei ragfarnau, cofir amdano gyda pharch ac edmygedd fel un a garai ei wlad a'i iaith, ac os nad oedd yn llenor dawnus o'r radd flaenaf, gellir o leiaf hawlio iddo wneud cyfraniad pwysig yn ei ddydd a rhoi arweiniad gwerthfawr ac ysbrydiaeth i ysgrifenwyr eraill.

Pennod VII

DOUGLAS HYDE

Ym 1927, flynyddoedd cyn ei wneud yn Arlywydd cyntaf Iwerddon, anrhydeddwyd Douglas Hyde gan Brifysgol Cymru â gradd, a hynny fel cydnabyddiaeth am ei lafur enfawr, ei waith brwdfrydig a diflino, dros yr Wyddeleg a llenyddiaeth Wyddeleg. Nid oedd neb yn haeddu'r anrhydedd yn fwy nag ef. Ystyrid ef yn gawr ymhlith ysgolheigion astudiaethau Celtaidd ac y mae i hanes ei ymgysegriad i'w iaith, a'i aml frwydrau drosti, ramant arbennig sy'n galw am ein sylw ni heddiw.

Ganed Douglas Hyde, Ionawr 17, 1860, yn French Park, swydd Roscommon, Iwerddon, yn fab i reithor ac ŵyr i archddiacon. O Loegr y tarddodd y teulu, yn amser yr Elizabeth gyntaf. Cawsant, fel deiliaid teyrngar i'r goron, diroedd gan y frenhines, yn swydd Corc, tiroedd a gipiwyd oddi ar y Gwyddyl, wrth gwrs, a thros y blynyddoedd bu llawer o'r teulu yn glerigwyr yn swydd Corc ac yn Kerry, Leitrim a Roscommon. O'r braidd y gellid disgwyl i'r fath gefndir Protestannaidd selog gynhyrchu un o arwyr pennaf yr Wyddeleg ond felly y bu. Mae'r annisgwyl yn digwydd o hyd yn Iwerddon. Yn y bedwaredd ganrif ar bymtheg nid oedd yr awyrgylch mewn rheithordy Protestannaidd yn Iwerddon yn debyg o feithrin diddordeb yn yr iaith Wyddeleg na chydymdeimlad â'r ysbryd cenedlaethol. Rhaid bod Hyde felly yn bersonoliaeth eithriadol.

Yn nyddiau ei fachgendod yn Roscommon roedd llawer

o Wyddeleg o amgylch ei gartref ond hyd yn oed yno roedd yr iaith eisoes yn cilio. Sylwodd Hyde ei hun y gallai pum mlynedd wneud y byd o wahaniaeth mewn teulu—y rhieni a'r plant hynaf yn siarad Gwyddeleg ond y plant ifancaf yn troi i'r Saesneg. Bwriedid i Douglas Hyde gael ei addysgysgol yn Nulyn a danfonwyd ef yno ond ym mhen deng niwrnod cafodd y frech goch. Danfonwyd ef adref i Roscommon a dyna ddiwedd ar ei addysg-ysgol ffurfiol. Ei unig athro o hynny ymlaen oedd ei dad ac yr oedd ef ei hun yn hoff iawn o ddarllen. Treuliodd ei blentyndod a'i lencyndod ymysg y werin a siaradai Wyddeleg, ac o'i ddyddiau cynnar gallai siarad Gwyddeleg cystal â'r gorau ohonynt. Roedd yn hoff iawn o grwydro o amgylch y wlad; roedd rhywbeth hoffus iawn ynddo a châi groeso brwd bob amser yn y bythynnod tlawd lle derbynnid ef fel cyfaill annwyl yn hytrach nag fel mab y rheithor o Brotestant. Canlyniad hyn oedd ei drwytho'n llwyr yn ifanc iawn yn yr Wyddeleg ac yn yr hen chwedlau a'r cerddi Gwyddelig. Rhaid bod yn ei natur hefyd ryw ymdeimlad Gwyddelig byw a fynnai ei fynegi ei hun. Enynnwyd ynddo yr awydd i atgyfodi ac achub yr Wyddeleg. Bu'n ffodus gan iddo gael ei feddiannu gan yr ewyllys a chael y cyfle i wneud y gwaith yn frwydr ei fywyd. Gan ei fod yn gwybod Gwyddeleg, megis o'r crud, gwyddai lawer mwy am Iwerddon a'i hanes nag a wyddai'r rhai nad oedd ganddynt wybodaeth o'r iaith.

Yn union fel na ellir deall bywyd a gwaith Syr Owen M. Edwards heb wybod am ei gefndir a chyflwr y Gymraeg yng Nghymru a'r sarhad a'r gwaharddiad ar yr iaith, felly hefyd ni ellir deall na gwerthfawrogi gwaith aruthrol Douglas Hyde heb wybod rhywfaint am gyflwr yr Wyddeleg cyn ac yn ei ddyddiau ef.

O'r dechrau cyntaf gwnaeth llywodraeth Lloegr ei gorau glas i Seisnigeiddio Iwerddon, a lladd yr iaith oedd ei phrif nod. Gwaherddid popeth Gwyddelig—yn enwedig yr iaith. Ychydig o lyfrau argraffedig oedd ar gael yn yr Wyddeleg, ac er bod miloedd o lawysgrifau ar un adeg, roedd y rhan fwyaf ohonynt wedi'u colli neu eu llosgi. Hyd ganol yr ail ganrif ar bymtheg siaredid Gwyddeleg gan y mwyafrif—o bob dosbarth—ond fel canlyniad i lwyddiant polisi Oliver Cromwell a llwyddiant William III a phlannu llu o anturiaethwyr Protestannaidd o Loegr a'r Alban i ddifeddiannu'r hen berchenogion tir o Wyddyl Pabyddol, peidiodd siarad Gwyddeleg ymysg y boneddigion ac erbyn dechrau'r bedwaredd ganrif ar bymtheg, eithriadol iawn oedd clywed am un ohonynt a wyddai'r iaith. Er hynny parhaodd yr Wyddeleg yn iaith y werin a siaredid hi gan fwyafrif y boblogaeth er bod llawer ohonynt yn gwybod rhywfaint o Saesneg hefyd. Y ganrif ddiwethaf a welodd y dirywiad, y lleihad mawr yn nifer y rhai a siaradai'r iaith, a rhaid rhoi llawer o fai am hynny ar y democrat mawr Daniel O'Connell. Er iddo gael ei eni a'i fagu mewn ardal a oedd yn gwbl Wyddeleg ei hiaith, ni sylweddolodd ef bwysigrwydd yr Wydd-eleg i Iwerddon. Gallai fod wedi gwneud ei waith mawr dros Ryddfreiniad y Pabyddion yn yr Wyddeleg. Roedd naw deg y cant o'r torfeydd a wrandawai arno yn defnyddio'r Wyddeleg fel iaith gyffredin bob dydd. Eto, ni ddewisodd Daniel O'Connell siarad eu hiaith yn ei ymgyrchoedd. Dewisodd yn hytrach roi patrwm Saesneg i feddwl Iwerddon.

Un o'r rhai cyntaf i sylweddoli pwysigrwydd yr Wydd-eleg oedd Thomas Davis. Dadleuai ef dros gael papurau dyddiol dwyieithog a thros ddysgu Gwyddeleg yn y rhannau hynny o'r wlad lle parheid i siarad yr iaith. Syndod o'r mwyaf i mi yw nad oedd y mudiadau cenedlaethol gwrth-ryfelgar na'r bobl ddysgedig yn sylweddoli gymaint o gaffaeliad oedd ei hiaith ei hun i Iwerddon. Esgeulusid a dir-mygid yr iaith ar bob llaw, hyd yn oed lle gellid disgwyl iddi gael ei choleddu a'i meithrin. Y gelyn mwyaf didostur a gafodd yr Wyddeleg oedd y 'Bwrdd Addysg Cenedlaethol'. Gellir cymharu'r sefyllfa yn Iwerddon â'r hyn oedd yn digwydd yng Nghymru. Polisi pendant y Bwrdd oedd dileu un-rhyw ymdeimlad o genedlaetholdeb ymhlith y plant a'u gwneud i'w hystyried eu hunain yn Saeson. Dyma un enghraifft o'r eithafion a fabwysiadwyd gan y Bwrdd Addysg. Gwaharddwyd dysgu'r llinellau a ganlyn o waith Scott:

> Breathes there a man, with soul so dead,
> Who never to himself hath said,
> This is my own, my native land?

Ystyriai'r Bwrdd Addysg y llinellau hyn yn llawer rhy genedlaethol eu hysbryd i'w caniatáu yn ysgolion Iwerddon—a rhaid cofio bod yr ysgolion a reolid gan y Bwrdd wedi'u gwasgaru dros y wlad i gyd, ac mai ynddynt hwy yr oedd yr unig bosibilrwydd i gael unrhyw fath o addysg. Yn lle llinellau Scott, gorfodid y plant i ddysgu'r geiriau canlynol a gyfansoddwyd gan ryw Archesgob Whatley, aelod o'r Bwrdd Addysg:

> I thank the goodness and the grace
> That on my birth has smiled,
> And made me in these Christian days
> A happy English child.

Yn yr 'Ysgolion Cenedlaethol' cosbid y plant am siarad Gwyddeleg. Dysgid iddynt ddirmygu a chasáu'r iaith. Ni ddysgasid y rhieni erioed i werthfawrogi'r Wyddeleg, a chydweithredu â'r ysgolion a wnaeth llawer ohonynt gan edrych ar orfodi Saesneg a lladd yr Wyddeleg fel arwydd o gymwynas a chynnydd a diwylliant. Roedd gan Iwerddon ddyfais yn cyfateb i'r 'Welsh Not', dyfais a oedd, os rhywbeth, yn fwy dieflig. Yn yr ysgol clymid darn o bren— y *signum*—o amgylch gwddf plentyn, a disgwylid i'r rhieni dorri rhic arno am bob gair o Wyddeleg a siaradai'r plentyn gartref. Drannoeth, yn yr ysgol, cyfrifid y rhiciau a châi'r plentyn grasfa gymesur â nifer y rhiciau. Ni allodd yr Wyddeleg wrthsefyll yr ymosodiadau mileinig o du'r Llywodraeth a difrawder ar ran y rhai a ddylai fod gyda'r cyntaf i'w hymgeleddu, ac yn yr hanner canrif o 1840 i 1890 diflannodd yr iaith o fod yn iaith mwyafrif y bobl i fod yn iaith tlodion rhannau mwyaf anghysbell y wlad yn unig. Er bod gan Lywodraeth Lloegr y gallu a'r awydd i ddistrywio pob arwydd o wareiddiad y Gwyddel ni byddai hynny'n bosibl petai'r Gwyddyl wedi dal mor gadarn yn eu hiaith ag y daliasant yn eu Ffydd. Y gwir yw na werthfawrogid yr Wyddeleg gan liaws mawr o'r Gwyddyl hyd ddiwedd y ganrif ddiwethaf. Sut y daethant i'w gwerthfawrogi yw hanes bywyd a gwaith Douglas Hyde—*An Craoibhin Aoibhinn* (y gangen fach hyfryd) fel y'i gelwid. Gollyngodd Hyde yr ansoddair ac adwaenid ef fel *An Craoibhin*.

Mae'n wir bod rhai cymdeithasau yn astudio'r Wyddeleg o safbwynt ysgolheictod pur yn unig, ond ym 1876 y ffurf-iwyd y gymdeithas gyntaf i geisio achub yr Wyddeleg fel iaith lafar ac ym 1878, pan oedd yn ddeunaw oed, ymunodd Hyde â hi. Ni ddaeth nemor ddim ohoni, dim ond ymgecru a methu â chyd-weithio, a'r diwedd fu rhoi'r gorau iddi a ffurfio cymdeithas newydd—y *Gaelic Union* i roi'r holl sylw i Wyddeleg Fodern. Blynyddoedd anodd oedd y blynydd-oedd rhwng 1878 a 1893 pan rwygwyd y wlad gan gwer-ylon a brwydro politicaidd. Er hynny, llwyddodd y *Gaelic Union* i wneud rhywfaint o waith da. Ymhlith pethau eraill cychwynnwyd cylchgrawn misol—y cyfnodolyn cyntaf i'w argraffu yn yr Wyddeleg, ond bychan oedd ei apêl ac ychydig o gefnogaeth a gafodd. Teimlai Douglas Hyde mai'r peth gorau i'w wneud yn yr amgylchiadau oedd dechrau o'r dechrau a ffurfio cymdeithas newydd sbon. Roedd yn llawn egni a chanddo'r gallu i drosglwyddo'i frwdfrydedd i eraill. Ef oedd y dyn i sefydlu mudiad newydd poblogaidd ac felly y cychwynnodd Cynghrair yr Wyddeleg (*The Gaelic League*).

Yn ugain oed, ym 1880, roedd Hyde wedi ymaelodi yng Ngholeg y Drindod, Dulyn. Cafodd yrfa academaidd ddisglair iawn ac enillodd anrhydeddau lawer. Roedd yn hyddysg yn Lladin, Groeg a Hebraeg ac yn rhugl yn Ffrangeg ac Almaeneg, yn ogystal, wrth gwrs, â'i Wydd-eleg a'i Saesneg. Enillodd y Dosbarth cyntaf yn yr arholiad terfynol mewn Diwinyddiaeth ac yna newidiodd ei gwrs gan astudio'r Gyfraith, ac erbyn 1888 roedd wedi ennill ei Ll.D. Ym 1891 aeth am flwyddyn fel athro ieithoedd modern ym Mhrifysgol Brunswick Newydd, Canada, ac yna dychwelodd i Iwerddon.

Roedd ei brofiadau yn Nulyn wedi dangos iddo mai'r unig ffordd i achub yr Wyddeleg oedd deffro teimlad ymhlith y Gwyddyl fod yr iaith yn werth ei dysgu nid yn unig fel rhan hanfodol o'u cenedligrwydd ond er ei mwyn ei hun. Dechreuodd ymgyrch i addysgu ei genedl a chynhaliodd lawer o gyfarfodydd o un pen i'r wlad i'r llall, o'r dwyrain i'r gorllewin, o'r gogledd i'r de. Tyrrai pobl i wrando arno a dangosodd iddynt mor holl bwysig oedd cadw'r iaith. Ym mhob man cafodd unigolion a'u brwdfrydedd wedi'i ddeffro i weithio dros yr iaith a'i dysgu. Creodd chwyldro addysgol mawr.

Ym mhob rhan o'r wlad deuai grwpiau ynghyd a sylweddoli (am y tro cyntaf, lawer ohonynt) eu bod trwy golli eu hiaith yn colli hefyd holl anhepgorion cenedl. Llwyddodd mudiad yr iaith i feithrin yr elfennau gorau yng nghymeriad y Gwyddel. Enynnodd ddiddordeb newydd ym mhob peth Gwyddelig. Mewn amser byr dechreuodd del-frydau Hyde ddylanwadu ar bob agwedd o fywyd y Gwyddel. Yn ystod gaeaf 1892 traddodwyd darlith nod-edig ganddo ar 'Yr angenrheidrwydd o ddiSeisnigeiddio Iwerddon'. Ym 1893 sefydlwyd Cynghrair yr Wyddeleg a'i Lywydd cyntaf, a'i unig Lywydd hyd 1916, oedd Douglas Hyde. Eoin MacNeill oedd yr Ysgrifennydd. Amcan Hyde oedd ffurfio cyfundrefn enfawr ar hyd a lled Iwerddon a ym-gymerai â dysgu'r Wyddeleg o'r newydd lle roedd wedi marw a chadw'r iaith yn y rhannau lle parhâi eto'n fyw. Ceisiwyd codi adrannau ym mhob pentref a thref, gyda'r pencadlys yn Nulyn. Gan mai Hyde oedd y Llywydd, gallai reoli'r mudiad a châi bob cyfle i ddefnyddio'i ddoniau.

Fel yr awgrymwyd eisoes, ffurfiwyd y Cynghrair pan oedd y teimladau gwleidyddol ar eu chwerwaf. Ar ôl cwymp Parnell roedd ymraniadau a chwerylon a helyntion o bob math nes creu cymaint o ddiflastod fel y penderfynodd Hyde y gwnâi ei orau i gadw'r mudiad yn rhydd o gysylltiad ag unrhyw blaid.

Iddo ef mudiad oedd y Cynghrair i gadw ac adfer nid yr Wyddeleg a'i llenyddiaeth yn unig, ond miwsig, dawnsio a chwaraeon Gwyddelig, a chefnogai gelfyddyd Wyddelig a diwydiant hefyd. Cyhoeddwyd mai mudiad anwleidyddol oedd y Cynghrair. Fel canlyniad i'w weithgarwch dihafal a'i wroldeb a swyn ei bersonoliaeth, ffurfiwyd erbyn 1908 dros 550 o ganghennau. Bydd o ddiddordeb i Gymry ieuainc heddiw wybod mai mudiad dirwestol oedd Cynghrair yr Wyddeleg. Ni chaniateid diod feddwol mewn na *feis* (gŵyl) na *céilidh* (noson lawen). Mor gryf, yn wir, oedd y mudiad dirwestol ymhlith yr arweinwyr fel y llwyddwyd, ym 1903, i gau'r rhan fwyaf o'r tafarnau yn Nulyn ar Ŵyl Sant Padrig.

I raddau helaeth iawn roedd yr 'Ysgolion Cenedlaethol' o dan reolaeth y rheolwr lleol, a chan mwyaf, offeiriad y plwyf oedd hwnnw. Lle roedd y rheolwr yn ffafriol i'r Wyddeleg fe ddysgid yr iaith, lle nad oedd yn ffafriol ni ddysgid mohoni. Llwyddwyd i roi perswâd ar y Bwrdd Cenedlaethol i roi cymorth ariannol i ddysgu Gwyddeleg, ond er hynny, y rheolwr a benderfynai yn y pen draw a ddysgid yr iaith neu beidio. Er i Gynghrair yr Wyddeleg drwy bropaganda gael gan lawer o'r rheolwyr ddysgu Gwyddeleg yn eu hysgolion, ei hesgeuluso'n llwyr a gafodd yr iaith yn y rhan fwyaf o'r ysgolion. Roedd gelynion yr iaith yn ei herlid yn ddigywilydd, yn enwedig pan geisiwyd ei dysgu yn yr Ysgolion Canolradd. Mae'r sefyllfa yn debyg mewn rhannau o Gymru o hyd, ysywaeth. Cafodd Hyde ac eraill gefnogaeth Syr John Rhys, Syr Owen M. Edwards, Kuno

Meyer a Pedersen yn ogystal â chefnogaeth y Blaid Wydd-elig yn Nhŷ'r Cyffredin yn Llundain, ac yn y diwedd rhodd-wyd i'r Wyddeleg le yn yr Ysgolion Canolradd. Roedd y llwyddiant a gafwyd yn fater gwleidyddol. Er mai mudiad amholiticaidd oedd Cynghrair yr Wyddeleg roedd yn gwbl amhosibl osgoi gwleidyddiaeth. I gael tegwch i'r Wyddeleg roedd yn angenrheidiol newid deddf gwlad ac ni ellid gwneud hynny ond drwy weithredu'n wleidyddol.

Roedd yr ymgyrch i ddwyn yr Wyddeleg i mewn i bob rhan o fywyd y genedl yn golygu mwy a mwy o waith i Douglas Hyde ac i swyddogion y Cynghrair. Aeth Hyde i'r Unol Daleithiau ar daith bropaganda ac i geisio cael arian i sefydlu Prifysgol Genedlaethol. Roedd llawer o wrth-wynebiad i hyn (yn enwedig gan Goleg y Drindod gyda'i elyniaeth ddigyfaddawd), ond ym 1908 llwyddwyd i sefydlu Prifysgol Genedlaethol—ac i goroni popeth i wneud gwybodaeth o'r Wyddeleg yn orfodol ar bob Gwyddel cyn y câi ei dderbyn yn fyfyriwr. Dyna fuddugoliaeth anhygoel i Gynghrair yr Wyddeleg. Roedd Hyde wedi aberthu popeth, ei amser, ei arian, ei egni a'i holl ddoniau er mwyn yr iaith.

Daeth sefydlu Prifysgol Genedlaethol Iwerddon â newid mawr ym mywyd Douglas Hyde. Penodwyd ef yn Athro Gwyddeleg Fodern yng Ngholeg y Brifysgol, Dulyn, a daliodd y swydd hyd ei ymddeoliad ym 1932. Gwnaed ei gyfaill a'i gyd-weithiwr, Eoin MacNeill, yn Athro Hanes Cynnar Iwerddon.

Er bod Hyde mor gadarn ag erioed y dylai'r Cynghrair ym-gadw rhag pob cysylltiad â phlaid neu sect, canlyniad anochel ei genhadu brwdfrydig ef dros yr iaith oedd cryf-hau a hybu'r ysbryd cenedlaethol, a theimlai mwy a mwy o aelodau'r Cynghrair y dylai fod cydweithrediad llwyr rhyngddynt hwy a'r mudiadau a oedd yn gweithio i gael annibyniaeth i Iwerddon. Gwrthsafodd Hyde bob ymgais i'w dynnu ef ei hun i mewn i'r byd politicaidd. Ysgolhaig a llenor oedd ef a'r iaith a ddeuai gyntaf gydag ef bob amser er bod ganddo, i fod yn deg ag ef, gydymdeimlad dwfn hefyd â'r rhai a ddymunai ryddid cenedlaethol. Dros y blynyddoedd roedd dynion o anianawd gwahanol iddo ef wedi dod yn amlwg yn y Cynghrair. Nid oedd ball ar eu hedmygedd a'u hoffter o Hyde ond teimlent fod yn rhaid iddynt ddilyn llwybrau tra gwahanol iddo ef. Tueddai rhai i golli amynedd ag ef. Nid oeddynt yn fodlon iddo ef na neb na dim eu rhwystro rhag cyrraedd eu nod.

Tua diwedd y bedwaredd ganrif ar bymtheg dechreuodd mudiad *Sinn Fein*, mudiad sydd â chysylltiad agos â Gwrthryfel 1916, ddod yn rym pwysig yng ngwleidyddiaeth Iwerddon. Ymhlith ei arweinwyr yr oedd Padraig Pearse, Cathal Brugha, Thomas Ashe, Eamon Ceannt, Thomas MacDonagh, Sean T. O'Kelly a'r O'Rahilly a phob un ohonynt yn amlwg hefyd yn Nghynghrair yr Wyddeleg. Ac eithrio O'Kelly roeddynt i gyd i'w dienyddio neu i'w lladd ar ôl y brwydro. Roedd De Valera hefyd mor eiddgar â neb. Er bod Pearse yn Arweinydd *Sinn Fein* cefnogai Hyde yn ei ymdrechion i gadw Cynghrair yr Wyddeleg allan o wleidyddiaeth. Er hynny, sylweddolodd Hyde i ba gyfeiriad yr oedd y llanw yn troi ond ni ddaeth erioed i'w feddwl yr âi mor bell. Roedd yn eglur ddigon iddo fod prif aelodau'r Cynghrair, dynion y ffurfiwyd eu syniadau a'u delfrydau i raddau helaeth ganddo ef ei hun, yn benderfynol o fynd i eithafion gwleidyddol. Nid oedd dim y gallai ef ei wneud i'w rhwystro ac felly ym 1915 ymddiswyddodd o lywyddiaeth y Cynghrair. Cymaint oedd y parch iddo fel nad etholwyd olynydd iddo am flwyddyn. Penodwyd Eoin MacNeill i'r swydd ym 1916 ac yntau ar y pryd yng ngharchar. Ni bu'n Llywydd ond am amser byr ac o hyn ymlaen peidiodd Cynghrair yr Wyddeleg â bod yn bwysig ym mywyd Iwerddon.

Yn ystod yr holl amser y bu Douglas Hyde yn arwain **Cynghrair yr Wyddeleg ac yn ymdaflu mor egnïol i ganol y** brwydrau o blaid yr iaith yr oedd hefyd yn ymroi'n ddyfal i waith ysgolheigaidd a llenyddol. Roedd wedi sgrifennu rhai cerddi yn yr Wyddeleg cyn iddo fynd i'r coleg. Deuai'n naturiol iddo fynegi ei feddyliau yn yr Wyddeleg yn hytrach nag yn Saesneg a phan oedd yn fyfyriwr cyhoeddwyd ganddo, yn Saesneg ac yn yr Wyddeleg, rai cerddi yn y *Dublin University Review.* Cyhoeddodd hefyd lawer o chwedlau a cherddi yr oedd wedi'u casglu ymhlith y werin yng ngorllewin Iwerddon—casgliadau llenor deallus. Roedd angen tact a chryn amynedd a chof da yn ogystal ag ysgolheictod i werthfawrogi a dehongli'r hyn a gasglai. Ym 1886 sgrifennodd Hyde am yr anawsterau a gaed wrth gasglu chwedlau llên-gwerin. Drwgdybiai'r hen werin bobl y dieithriaid a ddeuai atynt i'w holi ac i ofyn iddynt ddweud eu storïau neu ganu eu hen ganeuon. Roedd Hyde wrth y gwaith pan oedd casglu llên-gwerin yn gelfyddyd newydd ond roedd ganddo gymeriad deniadol a'i ffordd ei hun, a llwyddodd ef lle methodd llawer. Ym 1886 ymddangosodd erthygl ganddo ar gerddi Gwyddeleg nas cyhoeddwyd erioed, ac ym 1889 cyhoeddwyd ei lyfr cyntaf *Leabhar Sgeuluigheachta* (Llyfr o Storïau)—canlyniad casglu chwedlau. Ar ôl hyn cyhoeddwyd llyfrau ganddo bron bob blwyddyn. Ym 1890 cyhoeddodd *Beside the Fire,* cyfieith-iadau Saesneg o storïau-o'r Wyddeleg, ac yna ym 1891 drosiadau yn ôl i'r Wyddeleg o'r un chwedlau dan y teitl *Cois na Teine.*

Ym 1894 cafwyd un o'i lyfrau pwysicaf a mwyaf diddorol sef *Love Songs of Connacht.* Cyhoeddwyd y cerddi serch hyn yn yr Wyddeleg gyda chyfieithiadau i'r Saesneg a nod-iadau beirniadol. Mae'n debyg bod rhai o'r cerddi hyn yn gerddi gwreiddiol gan Hyde ei hun. Roedd hefyd wedi diwygio amryw gerddi i'r fath raddau fel y gellir hawlio mai ei eiddo ef ydynt. Ceir rhai cerddi tlysion dros ben. Rhoes T. Gwynn Jones gyfieithiad Cymraeg o un ohonynt yn *Awen y Gwyddyl,* sef *Gwae Finnau Fy Machgen Pengrych.* 'Yr eneth gadd ei gwrthod' sy'n mynegi ei serch yn y gerdd hon. Mae'r ferch yn cwyno nad yw ei chariad wedi dod i'w gweld—'aethost heibio'r tŷ heb ddyfod i'm gweld'—ond er hynny ni all beidio â'i garu'n angerddol. Dyma un pennill o gyfieithiad T. Gwynn Jones sy'n dangos ansawdd y gerdd dlos hon:

> A meddwl yr ydwŷf, fy machgen glân,
> mai ti ydyw'r haul a'r lloer,
> a'th fod cyn wynned â'r eira mân
> pan fo ar y mynydd oer;
> a meddwl yr wyf mai llewych wyt ti
> a roddwyd i mi gan Dduw,
> mai ti ydyw'r seren a'm tywys i
> a'm harwain tra byddwyf byw.

Tynnodd *Love Songs of Connacht* lawer o sylw. O'r braidd y gallai rhai Saeson gredu bod cerddi o'r fath i'w cael mewn iaith a ddirmygid gymaint ganddynt. Dilynwyd y cerddi serch gan gasgliad o gerddi crefyddol *Religious Songs of Connacht,* ond ym 1906 y cyhoeddwyd hwy a gwnaed argraff ffafriol ganddynt hwythau hefyd.

Ym 1895 cyhoeddodd Hyde lyfr bychan *The Story of Early Gaelic Literature* er hyfrydwch a syndod i lawer. Am y tro cyntaf rhoes mewn ffordd boblogaidd hanes llenyddiaeth gynnar Iwerddon. Agorodd lygaid y Gwyddyl i'r trysorau oedd ar gael yn eu llên hwy eu hunain. Dangosodd iddynt fod ganddynt etifeddiaeth y gallent fod yn falch ohoni. Ym 1899 cafwyd *The Literary History of Ireland,* (teitl camarweiniol braidd), llyfr pwysig arall gan Hyde, sy'n rhoi hanes cryno llenorion Iwerddon (a ysgrifennodd yn yr Wyddeleg) i lawr hyd y ddeunawfed ganrif. Yn hwn eto, ceir llawer o gyfieithu ysgolheigaidd o benillion a darnau o rydd-iaith. Nid yw'n cymryd dim yn ganiataol. Mae'n feirniadol ei agwedd ac os rhywbeth yn orofalus. Anaml y ceir arweinydd mudiad poblogaidd yn gymedrol a chynnil ar faterion sy'n dal perthynas â'i fudiad ef ei hun, ond yn ei *Literary History* nid oes dim o'r propagandydd yn Hyde.

Anodd yw sylweddoli ar brydiau fod y gŵr sy'n cymell ei gydwladwyr ar bob cyfrif i gadw a meithrin eu hiaith yn gallu bod mor feirniadol hefyd o ffynonellau'r iaith honno. Ond drwy ei astudiaeth drylwyr ofalus o Lenyddiaeth Wyddeleg sylweddolodd Hyde mor bwysig ydoedd fod y Gwyddel yn dysgu sut i'w gwerthfawrogi a'i thrysori.

Fel awdur, perthyn Hyde i grŵp o ysgrifenwyr o fri a oedd yn bur ddyledus i'w gilydd. Roedd rhai fel Standish O'Grady, W. B. Yeats, George Russell (AE), a rhai o ddramodwyr Theatr yr *Abbey* yn ddyledus i Hyde i ryw raddau. Roedd ar Yeats lawer iawn o ddyled i Hyde—trwyddo ef y daeth i wybod am lenyddiaeth Wyddeleg a oedd i gael dylanwad mawr arno. Mae rhai o'r farn e.e. fod yn y gerdd enwog *The Lake Isle of Innisfree* deimlad nid annhebyg i'r teimlad a fynegir yn eu hysgrifeniadau gan fynaich yr Eglwys Geltaidd gynnar, ac onibai am Hyde ni byddai Yeats yn gwybod dim amdanynt.

Yn un o berfformiadau cyntaf Theatr Lenyddol Iwerddon cynhyrchwyd drama gyntaf Hyde, sef *Casadh an tSugan* (Troi'r Rhaff). Cynhyrchwyd hefyd ddwy ddrama arall yr un noson, un gan Edward Martyn ac un gan Yeats a George Moore. Comedi fer yw *Casadh an tSugan* a hi oedd y ddrama gyntaf yn yr Wyddeleg i'w llwyfannu yn un o chwaraedai mwyaf Dulyn. Hyde oedd yn actio'r prif ran. Roedd yn hoffi actio a gwnâi hynny'n aml yn ei ddramâu ei hun. Yn ei ddramâu y gwelir orau y gwaith llenyddol nad yw'n uniongyrchol gysylltiedig â'i waith dros fudiad yr Wyddeleg ond hyd yn oed yma rhaid cydnabod mai ei brif symbyliad oedd sgrifennu dramâu ar gyfer actorion a allai siarad Gwyddeleg. Dramâu un-act ydynt i gyd. Engh-raifft dda ohonynt yw *Tigh na mBoct* a gyfaddaswyd mor llwyddiannus dan yr enw *The Workhouse Ward* gan Lady Gregory. Dramâu adnabyddus eraill ganddo yw *An Tinceir agus an tSidheog* (Y Tincer a'r Tylwyth Teg), *An Posadh* (Y Briodas) a *The Lost Saint*. Ystyrir y rhain o hyd gyda'r gorau o'u math. Sgrifennodd un ddrama sy'n ddychan ffyrnig, sef *Pleusgadh na Bul-goide* (Ffrwydro'r bwbwl), ymosodiad chwyrn ar agwedd athrawon Coleg y Drindod tuag at yr Wyddeleg. Roedd Hyde, mae'n amlwg, wedi'i gyffroi drwyddo gan eu hagwedd sarhaus, ac y mae rhai o'r farn bod rhywbeth maleisus (sy'n gwbl an-nodweddiadol o Hyde) yn y ddrama hon. Yn ôl pob tebyg, Hyde a sgrifennodd Ddrama'r Geni gyntaf yn yr Wyddeleg. Cyfieithwyd hon eto gan Lady Gregory a pherfformiwyd hi droeon. Ym 1905 cyhoeddwyd casgliad o'i ddramâu Gwyddeleg yn llyfr.

Cyhoeddodd Hyde fath o hunangofiant, sef hanes ei gysylltiad â Chynghrair yr Wyddeleg yn *Mise agus an Connradh* (1937)—(Myfi a'r Cynghrair) a llyfr arall ar hanes ei daith i America.

Mae ar y mudiad llenyddol yn Iwerddon ddyled drom i Hyde am ei syniadau a'i ddelfrydau sylfaenol. Mae'n ddyledus iddo hefyd am ei fod, drwy ei ymgyrch i ddysgu'r Wyddeleg, wedi paratoi cynulleidfa i'r rhai ar ei ôl a fyddai'n ysgrifennu yn yr iaith. Er hynny, saif Hyde ar ei ben ei hun. Er ei fod yn gyfeillgar â rhai o brif lenorion Iwerddon ac yn gysylltiedig â hwy nid yw fel pe bai'n perthyn iddynt. Ysgolheigaidd yn hytrach na llenyddol yw ei brif weithiau. Yn ogystal â'r llyfrau a enwyd uchod ceir ganddo *Medieval Tales from the Irish* a storïau cynnar Iwerddon, *Legends of Saints and Sinners,* wedi'u cyfieithu o'r Wyddeleg. Nid oes dim yn sych a phedantig yn ei waith. Wrth ymdrin â chwedl, ei brif amcan oedd cyflwyno'r stori yn ei ffurf wreiddiol. Pan yw'n sgrifennu yn yr Wyddeleg dyry'r stori wreiddiol air am air ac os bydd mwy nag un ffurf mae'n eu cymharu'n ofalus. Pan fydd yn rhoi cyfieithiad ei fwriad yw cyfleu'r ysbryd yn ogystal â'r ffurf. Gan fod Hyde ei hun yn llenor dawnus mae'n llwyddo i wneud hyn yn rhagorol.

Pan orffennodd gwaith Hyde yng Nghynghrair yr Wyddeleg gyda'i ymddiswyddiad ym 1915, daeth iddo gyfnod o seibiant ac ni chymerodd bellach ran flaenllaw yn y bywyd cyhoeddus. Yn gynnar ym 1916, er hynny, siaradodd mewn cyfarfod i brotestio yn erbyn tynnu'n ôl y grantiau am ddysgu Gwyddeleg, ond ar ôl Gwrthryfel Pasg 1916 enciliodd yn llwyr i'w waith a'i gylch ei hun. Ceisiodd rhai o'i gefnogwyr ei ddenu'n ôl i ail-gydio yn y gwaith. Wedi'r cwbl, roedd llawer o'r rhai a fu'n gyfrifol am ei ymddiswyddiad wedi'u saethu neu yng ngharchar. Fel y dangoswyd eisoes, syniadau Hyde ei hun oedd yn gyfrifol i raddau helaeth am eu delfrydau aruchel hwy ond nid oedd erioed wedi ystyried na rhagweld y modd y byddai ei waith yn dwyn ffrwyth ac nid ef oedd yn gyfrifol am hynny. Erbyn hyn roedd dynion iau yn cymryd lle y rhai a syrthiodd yn y frwydr ac ar faterion milwrol yn bennaf yr oedd bryd y rhai ifainc hyn.

Enciliodd Hyde o'r bywyd cyhoeddus i'r fath raddau fel nad enwebwyd ef i Senedd y Wladwriaeth Rydd ym 1922. Cyfetholwyd ef yn unfrydol ym 1925 ond nid oedd ganddo yr awydd lleiaf i gymryd rhan yn y bywyd politicaidd ac ni siaradodd ond ddwywaith. Pan ddaeth ei gyfnod yn y swydd i ben yn Rhagfyr 1925 caniataodd gael ei enwebu yn yr etholiad-tair-blynedd oedd yn dilyn, ond ni wnaeth unrhyw ymgais i gael pleidleisiau ac ni chafodd ei ethol. Ni bu'n aelod o'r Senedd eto nes i Eamon de Valera ei ddewis yn aelod o'r Senedd newydd a ffurfiwyd yn unol â Chyfansoddiad Iwerddon Rydd, 1937. Hyd 1932 roedd Hyde yn parhau yn ei swydd fel Athro'r Wyddeleg yng Ngholeg y Brifysgol ac yn ymroi i ysgolheictod. Wedi ymddeol gadawodd ei dŷ yn Nulyn ac aeth yn ôl i fyw yn Roscommon. Er hynny, nid oedd ei ddiddordeb yn adfywiad yr Wyddeleg wedi marw. Daeth yn ôl i Ddulyn i gymryd rhan yn y mudiad i atgyfodi'r Oireachtas.

Roedd llawer wedi digwydd a llawer wedi newid yn Iwerddon rhwng 1915 a 1937. Byr fu aelodaeth Hyde o'r Senedd ym 1925 ond byrrach fyth fu ei aelodaeth o'r

Senedd newydd. Ni bu'n bresennol ond mewn un cyfarfod cyn i newid mawr arall ddigwydd yn ei fywyd. O dan y Cyfansoddiad newydd roedd angen Arlywydd ar Eire (Iwerddon) a'r pleidiau i gyd yn chwilio am rywun i lanw'r swydd a oedd heb gysylltiadau gwleidyddol amlwg, rhywun a oedd, mewn gwirionedd, uwchlaw gwleidyddiaeth. Er ei enciliad roedd pawb, o bob plaid, yn cofio ac yn hoffi Hyde. Ef, ar y pryd, oedd yr unig un a oedd yn ddymunol a boddhaol gan bawb ac enwebwyd ef yn Arlywydd. Er mai Protestant oedd, croesawyd ei enwebiad gan Babyddion a Phrotestaniaid ac etholwyd ef yn ddiwrthwynebiad yn Arlywydd cyntaf Iwerddon Rydd ar y 6ed o Fai, 1938. Erbyn hyn roedd yn 78 mlwydd oed. Daeth salwch gyda henaint ac ni allai gymryd unrhyw ran flaenllaw ym mywyd ei genedl. Er hynny, arhosodd yn y swydd nes daeth ei gyfnod i ben ym 1945. Bu farw yn Nulyn yng Ngorffennaf 1949.

Talwyd teyrngedau di-rif iddo. Ef oedd 'y dyn a dynnodd iaith ein gwlad allan o'r gwter lle'r oeddem ni'n hunain wedi'i thaflu ac a roddodd goron ar ei phen'. Trwy rym ei bersonoliaeth creodd yn Iwerddon y mudiad i adfywio'r Wyddeleg. Chwythodd ei frwdfrydedd ar wreichionen wan cenedlaetholdeb a thanio gwladgarwch y Gwyddyl. Parchai pawb ef—am ei ysbryd tanbaid, ei ddewrder anghyffredin, ei athrylith fel trefnydd, ei ddidwylledd a'i huodledd a charedigrwydd ei galon, ei ysgolheictod rhyfeddol a'i allu llenyddol, ac nid oes eisiau ond cyfeirio at *Gerddi Serch Connacht* i sylweddoli bod iddo enaid bardd.

Pennod VIII

LADY GREGORY

Pan agorwyd yr *Abbey Theatre* yn Nulyn yn Rhagfyr 1904, un o'r cyfarwyddwyr, gyda W. B. Yeats a J. M. Synge, oedd y wraig a ddaeth yn enwog fel Lady Gregory. Er pwysiced yw Yeats yn hanes y theatr gellir dweud yn sicr na byddai theatr yr *Abbey* wedi goresgyn anawsterau a helbulon ei blynyddoedd cynnar onibai am benderfyniad di-ildio a brwdfrydedd y wraig nodedig hon. Haedda ei choffáu nid yn unig yn rhinwedd ei gwaith dros yr *Abbey Theatre* ond am ei gwaith llenyddol creadigol ei hun. Datblygodd yn Wyddeles wlatgar hefyd a phriodol yw ei chyflwyno i Gymry'r dyddiau hyn.

Protestant selog oedd hi ac fel Synge perchen tir oedd ei thad, ond yr oedd ei theulu hi'n llawer cyfoethocach na theulu Synge. Roedd ei thad, Dudley Persse o Roxborough, swydd Galway, yn berchen ar o leiaf chwe mil erw o dirpori rhagorol gyda digon o incwm yn deillio o'r ystad i gadw ei deulu niferus mewn moethusrwydd. Merch y plas oedd Lady Gregory a ganed hi ym Mawrth 1852 yn ddeuddegfed plentyn (a'r ferch ieuangaf) o deulu o un ar bymtheg o blant. Augusta Persse oedd ei henw morwynol ac efallai i'r ffaith ei bod yn ddeuddegfed plentyn droi'n fantais iddi hi. Gan fod ganddi un ar ddeg o frodyr a chwiorydd yn hŷn na hi ni roddid cymaint â hynny o sylw, a dweud y lleiaf, i'r ferch ieuangaf a llwyddodd i feddwl drosti ei hun a chael plentyndod hapusach nag a gafodd llawer o'r boneddigion yn oes

Fictoria. Gwnaed argraff annileadwy arni gan harddwch natur o amgylch ei chartref. Iddi hi rhaid ei fod yn fath o baradwys ddaearol.

Addysgwyd hi'n breifat gartref ac efallai mai drwy ei hathrawesau y cafodd sylfeini ei gwybodaeth dda o Ffrangeg ac Almaeneg. Saesneg yn unig a siaradai'r teulu. Ni freuddwydid am siarad Gwyddeleg, iaith y bobl gyffredin—y werin o'u hamgylch. Rhyw faldordd trwsgl, garw, na weddai i foneddiges ieuanc ei siarad oedd yr Wyddeleg iddynt hwy. Unig gysylltiad y plentyn Augusta Persse â'r byd tu allan i gyffiniau'r plas oedd Mary Sheridan, un o weinyddesau'r teulu. Bu hon yn fath o forwyn yn y teulu am ddeugain mlynedd a hi oedd un o'r dylanwadau pwysicaf a fu ar fywyd Augusta. Gallai Mary Sheridan siarad Gwyddeleg yn dda a gwyddai am lên-gwerin a chwedlau tylwyth teg y Gwyddyl. Roedd ganddi hefyd lawer o gydymdeimlad â'r mudiad cenedlaethol a chryn wybodaeth amdano. Canlyniad clywed storïau Mary Sheridan oedd creu awydd yn Augusta Persse i ddysgu Gwyddeleg ond gwrthodwyd yn ddirmygus ei chais i gael gwersi. Er hynny, roedd yr had a blannodd Mary Sheridan wedi syrthio ar dir da ac ym mhen blynyddoedd i ddwyn ffrwyth toreithiog.

Ym 1880 priododd Augusta Persse â Syr William Gregory, gŵr bymtheng mlynedd ar hugain yn hŷn na hi, a pherchennog ystad Coole a phlasty Coole Park, Gort, swydd Galway, ryw saith milltir yn unig o Roxborough ei chartref hi. Gŵr pwysig iawn oedd Syr William a gŵr poblogaidd a diwylliedig hefyd. Buasai am rai blynyddoedd yn Aelod Seneddol ac wedyn am gyfnod yn Llywodraethwr Ceylon. Roedd ganddo lu o gyfeillion enwog yn y Sefydliad yn Iwerddon a Lloegr a thrwy ei phriodas agorwyd byd newydd i Lady Gregory a daeth i gysylltiad agos â llawer o fawrion y dydd ac ennill cyfeillgarwch agos rhai ohonynt. Un o'i phrif gyfeillesau ac un annwyl iawn ganddi oedd

Enid, Lady Layard, merch Lady Charlotte Guest. Ar ôl priodi, treuliodd Syr William a Lady Gregory flynyddoedd yn teithio ar y cyfandir ac yn Asia. Bu'r ddau yn aml yn yr Eidal a dysgodd hi Eidaleg. Bu llawer o bobl nodedig yn ymweled â Coole hefyd ac nid y bobl bwysig yn unig ond tlodion yr ardal yn ogystal. Mawr oedd haelioni gwraig y plas tuag at y tlawd a'r methedig. Bu'n garedig iawn wrth blant ac, yn wir, wrth bawb yn Nhloty Gort a oedd yn gartref i blant amddifad yn ogystal â thloty yn yr ystyr gyffredin. Bu Syr William farw ym 1892 gan adael ei weddw ac un mab a ddaeth yn arlunydd o fri ond a laddwyd yn y Rhyfel Byd Gyntaf.

Ym 1894 golygodd a chyhoeddodd Lady Gregory *Autobiography* ei gŵr ac ym 1898 cyhoeddodd *Mr. Gregory's Letter Box,* sef llythyrau taid ei phriod a ddarganfu yn Coole. Ynglŷn â chyhoeddi'r llyfr hwn bu'n rhaid iddi ddarllen yn helaeth ar hanes Iwerddon a'r canlyniad oedd ei throi i gefnogi'n selog Ymreolaeth i Iwerddon. Yn ystod y blynyddoedd hyn llwyddodd i ddysgu Gwyddeleg, Roedd ganddi ddawn naturiol at ddysgu ieithoedd ond teimlai ei bod yn rhy hen (er nad oedd ond deugain oed) i fod yn ysgolhaig Gwyddeleg. Er na allai ysgrifennu Gwyddeleg modern yn gywir, gallai ymgom, gofyn cwestiynau, darllen llyfrau Gwyddeleg a'u cyfieithu'n gywir i'r Saesneg.

Dechreuodd ei diddordeb yn y diwylliant llenyddol Gwyddelig gyda chyhoeddi, ym 1893, *The Celtic Twilight* W. B. Yeats a *Love Songs of Connacht* Douglas Hyde. Atgofiwyd hi o storïau Mary Sheridan. Am ardal Sligo yr ysgrifennai Yeats a theimlai Lady Gregory braidd yn eiddigus am ardal Galway. Apeliodd gwaith Douglas Hyde yn fawr ati. Saesneg pobl a oedd yn meddwl yn Wyddeleg oedd Saesneg Hyde. A hithau newydd ddarganfod Gwyddeleg, gallai werthfawrogi yn awr fiwsig y siarad Gwyddeleg a glywsai ar hyd ei bywyd. Drwy'r *Celtic Twilight* datguddiwyd iddi nad oedd traddodiad llên-gwerin wedi marw yn Iwerddon a dangosodd y *Love Songs* nad oedd y traddodiad telynegol wedi marw ychwaith. Daeth Iwerddon i olygu rhywbeth newydd iddi a daeth yn fwy ymwybodol o'r byd o gwmpas ei chartref. Nid gwybodaeth newydd iddi oedd hyn ond agwedd newydd tuag at rywbeth y gwyddai amdano yn barod. Sylweddolodd, os oedd hi i ysgrifennu, mai deunydd ei gwaith oedd y bobl y bu'n trigo yn eu plith trwy ei bywyd. Cyn hyn, o'r tu allan yr oedd wedi eu hadnabod—fel merch a gwraig y plas—y foneddiges yn gwneud ei 'gweithredoedd da' ymhlith y werin dlawd, ond nid yn nawddogol ei hagwedd ychwaith. Bellach roedd yn rhaid iddi ail ddechrau—mynd at y bobl yn awr nid fel boneddiges ac athrawes ond fel dysgwr. Denid hi gan y mwyaf distadl o'i chymdogion ac ymwelai â hwy yn eu bythynnod. Ymwelai â'r tlotai hefyd a bu'r profiadau a gafodd o werth amhrisiadwy iddi. Ymweled â phobl yn siarad Gwyddeleg fel iaith gyntaf (os nad eu hunig iaith) yr oedd, a daeth i sylweddoli urddas y traddodiad barddol Gwyddelig.

Er ei bod wedi cwrdd ag ef cyn hynny, daeth i gysylltiad â W. B. Yeats yn Llundain ym 1889. Roedd ef ar y pryd yn dechrau ysgrifennu dramâu ac wedi meddwl am agor theatr yn Llundain er mwyn cynhyrchu ei ddramâu ei hun a dramâu ei gyfeillion—dramâu rhamantaidd, mewn gwrthgyferbyniad i ddramâu Ibsen. Hyd hynny ni chymerasai Lady Gregory fawr o ddiddordeb yn y theatr.

Anogodd Yeats hi i gasglu llên-gwerin Bae Galway ac yna aeth allan i ynysoedd Aran, ac i Inishmaan yn arbennig, lle treuliodd y rhan fwyaf o'i hamser yn holi'r hen bobl yn y bythynnod. Yn ddiweddarach y flwyddyn honno (1898) ymwelodd Yeats â hi yn Coole, a'i chymydog Edward Martyn gydag ef. Roedd gan Martyn hefyd ddrama y dymunai ei chynhyrchu a dylanwadwyd ar y ddau gan Lady Gregory i gynhyrchu'r dramâu yn Nulyn yn hytrach nag yn Llundain ac ym Mai 1899 cynhyrchwyd *The Countess Cathleen*

(Yeats) ac felly y daeth y Theatr Lenyddol Wyddelig i fod. Am ryw dair blynedd buwyd yn dibynnu ar actorion o Loegr i berfformio'u dramâu ond wedyn ffurfiwyd cwmni amatur Gwyddelig a chynhyrchwyd yn awr ddramâu a bortreadai'r Gwyddel mewn dull llawer tecach a mwy difrifol a chyfrifol. Darganfu Lady Gregory fod ganddi hithau ddoniau fel dramodydd ac o ddydd agor yr *Abbey Theatre* ym 1904 hyd ddydd ei marw ym 1932 bu'n un o'r cyfarwyddwyr. Heblaw ei gallu fel dramodydd roedd ganddi allu gweinyddol eithriadol ym mhob agwedd ar waith y theatr.

Gellir edrych arni fel disgybl i Yeats. Roedd yn edmygu ei waith yn fawr ond rhaid cydnabod hefyd ei fod yntau yn ei dyled hi. Buont yn cyd-weithio llawer. Mae ef, er enghraifft, yn cydnabod mai hi sy'n gyfrifol am lawer o'r deialog yn ei *Kathleen ni Houlihan* ef. Roedd ganddi theatr—yr *Abbey,* a chanddi actorion, a symbylodd hyn Lady Gregory i ysgrifennu saith ar hugain o ddramâu gwreiddiol—rhai byr un act oedd llawer ohonynt. Cyfaddasodd bedair o ddramâu Molière ac un o ddramâu'r Eidalwr, Goldoni. Ysgrifennodd ei dramâu mewn math o dafodiaith—Saesneg a dylanwad cystrawen a geirfa'r Wyddeleg yn aml yn drwm arno. 'Kiltartan' oedd yr enw a roes hi ar y dafodiaith—ar ôl enw pentref ger ei chartref.

Yn ogystal â'i dramâu, cyhoeddodd amryw lyfrau ar lêngwerin a chasgliadau o hen chwedlau fel *Cuchulain of Muirthemne* (1902) a *Gods and Fighting Men* (1904). Ym 1903 ymddangosodd ei *Poets and Dreamers* ac ym 1907 *A Book of Saints and Wonders.* Roedd drws agored a chroeso mawr bob amser yn ei chartref, Coole, i feirdd a dramodwyr. Aent yno i orffwyso a chael ysbrydiaeth. Treuliodd Yeats lawer haf yno ac y mae ef yn ei gerddi wedi anfarwoli'r tŷ a'r coedwigoedd a'r llyn elyrch. Bywyd llawn iawn oedd bywyd Lady Gregory ond ei dramâu a'i gwnaeth yn enwog.

Gwnaeth ei phrif waith fel dramodydd pan oedd rhwng

hanner cant a thrigain oed. Roedd ynddi ddigon o synnwyr digrifwch ac y mae rhai o'i dramâu un act, yn arbennig, yn feistraidd eu deialog a'u techneg. Efallai mai ei chomedi un act fwyaf doniol yw *Spreading the News*. Hoffwn weld trosi hon, ac eraill hefyd, i'r Gymraeg. Gallwn wneud catalog o'i dramâu ond gan nad oes llawer o ddiben yn hynny nid enwaf ond ychydig a apeliodd yn arbennig ataf i'n bersonol. Dyna'r dramâu un act, *The Rising of the Moon, The Gaol Gate, Hyacinth Halvey,* a *The Work-house Ward.* Tynnodd yn helaeth o'i phrofiadau ymysg y bobl gyffredin. O'r dramâu tair act, gwell gennyf *The White Cockade* a *Grania.* Parhaodd i ysgrifennu dramâu nes oedd yng nghanol ei saithdegau a chafodd yn ei henaint y llawenydd mawr o ddarganfod athrylith a chyfaill newydd yn Sean O'Casey. Bu farw yn ei chartref, Coole Park, ym Mai 1932, yn bedwar ugain oed, a chollodd llenyddiaeth Iwerddon ei phrif nodd-wraig. Tueddir weithiau i ddibrisio ei gwaith hi o'i gymharu â gwaith rhai fel Synge a Yeats ond nid oes unrhyw amheuaeth na wnaeth gyfraniad gwir sylweddol a gwerthfawr iawn. Enillodd barch ac edmygedd ond enillodd hefyd elyniaeth ac eiddigedd. Weithiau, dangosodd gryn ddewrder e.e. pan fynnodd gefnogi Synge adeg y terfysg ynglŷn â chynhyrchu *The Playboy of the Western World.* Rhoes o'i gorau i Iwerddon. Bu'n gefn i lawer o lenorion ac actorion. Mae'n hen bryd i'r to presennol ddarganfod Lady Gregory.

Pennod IX

JOHN MILLINGTON SYNGE

Yn yr Eisteddfod Genedlaethol yn Hwlffordd ym 1972 cyn-hyrchwyd un o ddramâu enwocaf y ganrif hon, *The Play-boy of the Western World* (J. M. Synge) o dan y teitl *Congrinero'r Gorllewin,* cyfieithiad campus Gruffudd Parry. Bu'r trosiad i'r Gymraeg a'r perfformiad yn llwydd-iannus iawn ond ni allwn beidio â sylwi mai ychydig o'r Cymry ieuainc, glew, brwdfrydig a oedd yn bresennol a wyddai nemor ddim am Synge a'i fywyd a'i waith, ac ar wahân i William Butler Yeats, prin iawn oedd eu gwybod-aeth am unrhyw un o'r llenorion eraill a fu mor amlwg yn y deffroad llenyddol yn Iwerddon ddiwedd y ganrif ddiwethaf a dechrau'r ganrif hon.

Yn Saesneg yr ysgrifennwyd eu gwaith bron i gyd er bod ychydig o'r enwogion yn cynhyrchu gwaith o gryn safon yn yr Wyddeleg hefyd. Roedd y llenorion hyn, ar y cyfan, yn ymwybodol iawn eu bod yn Wyddyl ac er mai llenorion Eingl-Wyddelig oeddynt, gellir dweud am lawer ohonynt mai Iwerddon yn hytrach na Lloegr a gâi eu teyrngarwch a'u cydymdeimlad. Mae amryw ohonynt yn ffigurau pwysig a diddorol iawn, ac ym 1923 enillodd Yeats y Wobr Nobel am lenyddiaeth—a thrwy hynny ennyn dicter a chenfigen rhai o brif lenorion Lloegr. Un arall a enillodd fri rhyng-genedlaethol am ei waith fel dramodydd a bardd (ond yn arbennig fel dramodydd) oedd John Millington Synge. Yn wir, pan gafodd Yeats ei anrhydeddu, dywedodd, wrth annerch Academi Frenhinol Sweden, y byddai cenedlaethau'r dyfodol yn cofio amdano ef, o'i gofio o gwbl, oherwydd ei gysylltiad a'i gyd-weithio â J. M. Synge a Lady Gregory. Teyrnged nodedig ond nid heb ei haeddu.

Ganed John Millington Synge yn Ebrill 1871 yn Rathfarnham—lle digon gwledig bryd hynny er ei fod mor agos i Ddulyn. Mab ieuangaf oedd i deulu o Brotestaniaid selog a chyffyrddus os nad cyfoethog iawn eu hamgylchiadau. Cyfreithiwr oedd y tad a thirfeddiannydd. Roedd wedi etifeddu rhywfaint o dir yn swydd Galway. Yn nheulu Synge gellid canfod yr hyn a fu mor aml yn felltith i Iwerddon dros y blynyddoedd, sef cyfuniad o Brotestaniaeth gul a pherchenogaeth ar lawer o diroedd. Cymaint oedd ymroddiad teulu tad J. M. Synge i'r ffydd Brotestannaidd, dros y blynyddoedd, fel y cynhyrchwyd ganddynt o leiaf bum esgob heb sôn am offeiriaid eraill a chenhadon. Os rhywbeth, mwy fyth oedd sêl teulu'r fam, hithau'n ferch i offeiriad rhyfeddol o gul a frwydrai'n ddidrugaredd yn erbyn yr hyn alwai ef yn 'babyddiaeth yn ei mil o ffurfiau o ddrygioni'. Bu ewythr yn Ynysoedd Aran fel cenhadwr o Brotestant i geisio 'achub' y bobl! Bu farw tad J. M. Synge ym 1872 pan oedd John yn flwydd oed a symudodd y fam i fyw drws nesaf i'w mam weddw (gwraig arall eithriadol gul) ac yno y bu yn pregethu wrth ei phlant athrawiaethau llythrennol ddychrynllyd eu taid am bechod a damnedigaeth ac Uffern. Bu'n llwyddiannus hefyd gyda'r plant hŷn ond nid gyda'r plentyn ieuangaf. Roedd un o frodyr J. M. Synge yn amlwg yn yr anfadwaith o droi tenantiaid cwbl ddiymgeledd allan o'u cartrefi a daeth yr enw Synge yn un i'w ffieiddio—yn amhoblogaidd iawn, a dweud y lleiaf.

Plentyn gwannaidd oedd J. M. Synge ac yn ei ddyddiau cynnar addysgwyd ef mewn ysgol breifat ac yna gartref. Ychydig o gyfathrach a fu rhyngddo a phlant eraill ond roedd yn hoff iawn o natur a cherddai'n aml yng nghwmni un o'i frodyr a chyfnither o amgylch y wlad ger ei gartref gan sylwi'n fanwl ar bopeth a welai. Pan oedd tua phedair ar ddeg oed cafodd afael ar un o lyfrau Darwin. Digwyddodd agor y llyfr yn y fan lle mae Darwin yn cymharu llaw dyn ag adain aderyn neu ystlum ac yn dweud na allai esbonio'r tebygrwydd ond drwy esblygiad. Y canlyniad—yng ngeiriau Synge ei hun oedd, 'rhuthrais allan i'r awyr agored . . . yr haf oedd hi . . . gorweddais i lawr a gwingo mewn ing o amheuaeth.' Cynyddu a chryfhau a wnaeth yr amheuon ac erbyn ei fod yn un ar bymtheg neu'n ddwy ar bymtheg oed roedd wedi ymwrthod yn llwyr â Christnogaeth. Agnostic yn hytrach nag anffyddiwr rhonc, cyffredin, ydoedd oherwydd parhâi'n ymwybodol o ryw Allu goruchel. Roedd yn brofiad dychrynllyd iddo ac o'i herwydd gosodwyd agendor rhwng ei bresennol a'i orffennol a rhyngddo ef ei hun a'i ffrindiau. Hyd nes ei fod yn dair ar hugain oed ni chyfarfu â neb a goleddai'r un syniadau ag ef.

Roedd bellach yn unig ac yn annibynnol ei feddwl, a chyda'i ddiddordeb yn natur ymunodd â Chymdeithas y Naturiaethwyr yn Nulyn. Rhamantaidd yn hytrach na gwyddonol oedd ei ddiddordeb yn natur ond ni ellir gorbwysleisio ei heffaith arno. Iddo ef roedd rhyw ledrith arbennig yn y llwyni eithin a'r creigiau, yn y nentydd yn gorlifo'u glannau a niwloedd a heulwen ar fynydd. Miwsig yn hytrach na barddoniaeth a âi â'i fryd pan oedd yn un ar bymtheg oed ac ym 1887 dechreuodd ddysgu canu'r ffidil. Nid oedd unrhyw draddodiad cerddorol yn y teulu ac yr oedd ei ymroddiad i gerddoriaeth a'r posibilrwydd iddo wneud galwedigaeth o fiwsig bron yn gymaint o ofid a phryder i'w fam a'i deulu ag oedd ei ddaliadau gwrth-Gristnogol. I Synge, miwsig oedd 'y gelfyddyd orau'. Roedd yn fath o ecstasi crefyddol iddo a bu am ryw wyth mlynedd (1886-1894) yn ei hastudio—profiad a fu'n werthfawr iddo yn natblygiad ei ddoniau llenyddol. Parhaodd ar hyd ei yrfa i ymddiddori yn y ffidil—a'i chanu pan ganiatâi ei nerfusrwydd. Hoffai wrando ar ganu'r ffidil gan y werin ac nid oedd dim a roddai fwy o bleser iddo ef na'i chanu ei hun gydag ychydig o werin bobl yn gwrando. Profiad dychrynllyd iddo oedd ceisio chwarae o flaen cynulleidfa. Creadur nerfus iawn oedd a sylweddolodd ef a'i athro na allai byth, o'r herwydd, ennill ei fywoliaeth ym myd miwsig ac felly rhoes y gorau i'r syniad.

O 1888 hyd 1892 roedd J. M. Synge yn fyfyriwr yng Ngholeg y Drindod, Dulyn, prifysgol y Sefydliad yn Iwerddon. Tua'r adeg yma newidiodd ei syniadau gwleidyddol. Gwrthryfelai bellach yn erbyn ceidwadaeth gul Brotestannaidd ei deulu a'i thraddodiad o deyrngarwch i'r goron ac o fod yn feistri tir. 'Pan rois i heibio deyrnas Dduw', ebe efe ei hun, 'dechreuais ymddiddori yn nheyrnas Iwerddon'. Datblygodd yn genedlaetholwr. Roedd popeth Gwyddelig yn gysegredig yn ei olwg. Dysgodd Wyddeleg ac er mai 'crafu' drwy ei arholiadau a wnaeth i gael ei radd, enillodd wobrau yn yr Wyddeleg ac yn Hanes. Yna aeth i astudio ar y cyfandir, yn yr Almaen a'r Eidal ac ym Mharis. Darllenodd yn helaeth a'i brif ddiddordeb oedd Petrarch, Villon, Cervantes, Molière a Racine a gwyddai'n dda am lenyddiaeth oes Elisabeth yn Lloegr. Darganfu ym Mharis fod yno gryn ddiddordeb yn niwylliant ac archaeoleg y gwledydd Celtaidd—yn arbennig yn iaith, hynafiaethau a chwedloniaeth Llydaw, Cymru ac Iwerddon. Ymddiddorai yng ngwaith Anatole le Braz a ysgrifenasai lawer ar lên gwerin ac archaeoleg Llydaw.

Ym Mharis, yn Rhagfyr 1896, cyfarfu â W. B. Yeats a pherswadiodd Yeats ef i adael Paris a mynd i fyw am gyfnod yn ynysoedd Aran ac yna ddychwelyd i Ddulyn ac ymroi i waith creadigol. 'Dos i ynysoedd Aran', meddai Yeats, 'a byw yno fel pe bait yn un o'r bobl eu hunain; dyro fynegiant i fywyd nad yw erioed wedi cael ei fynegi.' Rhwng 1898 a 1902 bu Synge ar bum ymweliad ag Aran. Mewn bwthyn yn Aran, yn ôl Yeats, roedd Synge yn hapus—wedi dianc o'r diwedd rhag diffyg glendid bywyd y tlawd a gwacter ystyr bywyd y cyfoethog. Nid rhyfedd, efallai, i'w arhosiad ar Aran ddwyn ffrwyth yn helaeth. Roedd ganddo radd prifysgol ynghyd â gwybodaeth o lenyddiaeth y cyfandir a digon o Wyddeleg i feistroli tafodiaith bur yr ynysoedd.

Yn ystod y cyfnod hwn ganed mudiad drama Iwerddon. Ym 1899 dechreuwyd Theatr Lenyddol Iwerddon gan Yeats, Lady Gregory, Edward Martyn a George Moore. Dilynwyd hon gan Gymdeithas Theatr Genedlaethol Iwerddon.

Erbyn Tachwedd 1901 roedd Synge wedi gorffen ei lyfr ar fywyd Aran, *The Aran Islands,* ond nis cyhoeddwyd hyd 1907. Mae'r llyfr hwn yn datguddio'n glir fod bywyd ar Aran wedi bodloni'r anghenion emosiynol a meddyliol a ddarganfu ynddo ef ei hun. Darganfu wrthych i'w addoli. Roedd wedi syrthio mewn cariad â duwies. Yn haf 1902 roedd wedi sgrifennu dwy ddrama un act, *In the Shadow of the Glen* a *Riders to the Sea.* Perfformiwyd y ddwy yn Neuadd Molesworth, Dulyn, y naill yn Hydref 1903 a'r llall yn Chwefror 1904. Bu cryn wrthwynebiad i'r *In the Shadow of the Glen* oherwydd y portread byw, realistig a roddai o fywyd Gwyddelig, a chafodd *Riders to the Sea* ei beirniadu hefyd. Pan agorwyd yr *Abbey Theatre* yn Nulyn, Rhagfyr 27, 1904 (drwy haelioni'r Saesnes gyfoethog, Annie E. Horniman) roedd Synge, gyda Yeats a Lady Gregory yn un o'r tri chyfarwyddwr. Ac felly y cafwyd y dramodydd J. M. Synge.

Yn ogystal â'r ddwy ddrama un act uchod, sgrifennodd bedair drama arall—tair drama dair act *The Playboy of the Western World, The Well of the Saints,* a *Deirdre of the Sorrows* ac un ddrama ddwy act, *The Tinker's Wedding.* Yn Wicklow yr ysgrifennwyd *In the Shadow of the Glen,* comedi wledig a *Riders to the Sea* a ystyrir bellach yn epig o ddrama, yn un o'r trasïedïau un act gorau a sgrifennwyd erioed. Yr hyn a wnaeth Synge, gyda rhyw ffrwydrad o egni creadigol anhygoel, oedd mynegi bywyd Aran mewn golyg-

feydd ac iaith unigryw. Llwyddodd i beidio â bod yn odd-
rychol. Pan bortreadai gymeriadau roedd yn 'ymwybodol
wrthrychol'. Ymddangosai fel pe bai yn camu allan ohono
ef ei hun a chamu i mewn i gymeriadau'r ddrama a'r rheiny
yn gymeriadau o Aran ac yn siarad tafodiaith a seiliwyd ar
iaith Aran—honno'n dafodiaith gain a wnaed drwy rym
athrylith Synge yn farddonol iawn hefyd. Drwy dafodiaith
yn unig y llwyddodd i weld pethau fel yr oeddynt—o'r tu
allan—ac i osgoi hunan fynegiant. Mae rhyw ogoniant
ysgubol yn iaith dramâu Synge.

Yn ogystal â dylanwad iaith Aran ar ei waith, cafodd
crwydro llawer o amgylch y wlad yn Wicklow yn ei fachgen-
dod ei effaith arno. Yn Aran, ac yn Wicklow rhoes sylw
manwl i iaith gyffredin bob dydd. Er bod Wicklow wedi
colli'r Wyddeleg siaradai'r bobl gyffredin Saesneg go
arbennig. Llwyddodd Synge i fynegi holl rythmau a goslef
yr iaith a glywsai. Ymddengys i mi fod rhyw fath o debyg-
rwydd rhwng ieithwedd dramâu Synge a'r dafodiaith Gym-
raeg a siaredir o hyd gan rai o Gymry gogledd Sir Benfro
ac yr wyf yn hyderu y cawn ragor o ddramâu Synge wedi'u
trosi i'r Gymraeg. Crybwyllais eisoes fod *In the Shadow of
the Glen* wedi creu tipyn o helynt. Teimlai cenedlaethol-
wyr brwdfrydig, ar y pryd, fod Synge yn dangos cymeriad y
Gwyddel mewn golau anffafriol. Ni sylweddolid mawredd
Riders to the Sea ac ni hoffid *The Well of the Saints* (a
berfformiwyd yn yr *Abbey Theatre* ym 1905). Byddai *The
Tinker's Wedding* wedi ennyn gelyniaeth yr Eglwys
Gatholig ac ni fentrwyd ei pherfformio o gwbl rhag ofn cael
terfysg difrifol.

Rhoddwyd perfformiad cyntaf o *The Playboy of the
Western World* ar nos Sadwrn yn Ionawr 1907. Er bod rhai
o edmygwyr Synge yn ei chasáu, cytunai'r beirniaid fod hon
yn ddrama feistraidd—yn ddrama fawr—ond nid fel hynny
yr ymddangosai i'r cenedlaetholwyr a oedd yn y theatr
noson y perfformiad cyntaf. Y canlyniad oedd cynnwrf yn y

theatr—cynnwrf mawr a droes yn reiat beryglus a'r unig reswm na alwyd yr heddlu i mewn oedd eu bod hwy yn cynrychioli'r awdurdod Prydeinig yn Iwerddon ac ni fynnai Lady Gregory i'r theatr wneud dim â hwy. Yn ystod yr wythnos ganlynol bu'n rhaid eu cael i geisio tawelu'r gynulleidfa. Roedd Synge yn rhy wael ei iechyd i'w amddiffyn ei hun. Yn ddiweddarach yr un flwyddyn perfformiwyd y ddrama yn Rhydychen ac yn Llundain, a dechreuwyd sylweddoli ei gwir werth. Yr un derbyniad, ar y cyntaf, a gafodd *The Playboy of the Western World* yn America. Pan aeth Lady Gregory â'r ddrama yno dechreuodd ffrae drachefn ac aed mor bell â bygwth ei bywyd hi.

Bu J. M. Synge farw ym Mawrth 1909 yn 37 oed. Ar ôl ei farw y perfformiwyd ei ddrama olaf, *Deirdre of the Sorrows,* am y tro cyntaf, yn yr *Abbey Theatre* yn Ionawr 1910. Dyma'r unig un o'i ddramâu nad yw'n ymwneud â bywyd y werin. Chwedloniaeth yw sail y ddrama hon, drama gelfydd ei saernïaeth a chyfoethog ei barddoniaeth.

Haedda pob un o'r dramâu astudiaeth fanwl ac fe wnaed hynny mewn llawer gwlad. Ychydig o sylw a gawsant yn Ffrainc. Aeth tafodiaith Synge yn drech na'r cyfieithwyr ac ychydig o gyfieithiadau i'r Ffrangeg sydd ar gael. Ar wahân i *Deirdre of the Sorrows,* y mae pob un o ddramâu Synge wedi cael eu perfformio yn Almaeneg, a'r ffefryn, yn ddi-os, yw *Playboy.* Er hynny nid enillodd Synge yr un bri ag a roddwyd ar Sartre, Camus a T. S. Eliot. Y prif anhawster eto yw cyfieithu tafodiaith ei ddramâu. Cyfieithwyd pump o'r dramâu i'r Arabeg ond yma eto cafwyd llawer o anhawster wrth geisio cyfleu idiomau ac ystyr rhai o eiriau'r gwreiddiol. Weithiau, drwy gam-ddehongli'r gwreiddiol, ceir cyfieithiad llythrennol sy'n chwerthinllyd. Rhoes enw'r ddrama *The Playboy of the Western World,* drafferth i'r holl gyfieithwyr. Beth yn wir, a olygai Synge wrth *Playboy,* ac o ran hynny, beth a olygai wrth *the Western World?* Yn fy marn i bu Mr. Gruffudd Parry yn llwyddiannus iawn yn ei drosiad ef, sef *Congrinero'r Gorllewin.* Yn yr Aifft, ym 1960, yr ymddangosodd y cyfieithiadau Arabeg cyntaf. Dywedir mai annaturiol yw'r cyfieithiadau hyn ond ym 1963 cynhyrchwyd *Riders to the Sea* gan deledu Syria a chydnabyddir i'r telediad fod yn un llwyddiannus.

Yn Siapan troswyd pob un o ddramâu Synge yn ogystal â *The Aran Islands.* Cyfaddasu, efallai, fyddai'r disgrifiad gorau o'r hyn a wnaeth y goreuon o'r cyfieithwyr. Rywsut, llwyddwyd i gyfleu Synge yn well yn iaith Siapan nag yn Arabeg. Gwnaeth y deffroad llenyddol yn Iwerddon argraff ddofn ar lenyddiaeth Siapan ac ni chafodd neb o'r Gwyddyl fwy o ddylanwad na Synge. Mor boblogaidd oedd *The Play-boy of the Western World* fel y'i perfformiwyd dros hanner cant o weithiau mewn wyth ar hugain o leoedd gwahanol — ym mhob rhan o Siapan — a hynny o fewn cyfnod o wyth mis.

Nid enillodd Synge yr un bri fel bardd. Er nad oes neb yn amau gwerth ei ddramâu y mae cryn wahaniaeth barn ynglŷn â'i gerddi. Dywed rhai beirniaid fod digon i'w edmygu ym marddoniaeth Synge (ar wahân i farddoniaeth y dramâu) a bod rhai o'i gerddi wedi cael cryn ddylanwad ar W. B. Yeats ac eraill. Dywedir hefyd er na welaf fod llawer o sail i hyn, fod y cerddi yn dangos diffygion yn eu techneg a rhyw anallu i ail lunio cerdd nes iddi ennill undod.

Dibynna enwogrwydd Synge ar y dramâu a seiliwyd ar fywyd y werin yn Iwerddon—dramâu a sgrifennwyd ym mlynyddoedd olaf ei fywyd. Er mai casgliad bychan ydynt rhaid cytuno â Yeats a'i gyfrif yn un o'r meistri.

Pennod X

PADRAIG PEARSE

Dros y blynyddoedd fe fu (ac y mae o hyd, wrth gwrs) gymeriadau anghyffredin yn perthyn i Orsedd y Beirdd ond, hyd y gwn i, nid oes ond *un* ohonynt wedi gorffen ei ddyddiau drwy gael ei ddienyddio a'r un hwnnw oedd Padraig Pearse, Arweinydd Gwrthryfel y Pasg, 1916, yn Iwerddon.

'Roedd Pearse yn fwy na gwladgarwr; roedd yn ddyn rhinweddol. Roedd ganddo'r holl briodoleddau sy'n anhepgor i sant ac ni byddai'n syndod pe bai Pearse yn cael ei ganoneiddio ryw ddiwrnod.' Dyna farn ei fywgraffydd a'i edmygydd brwd, y Llydawr, Louis Le Roux. Nid rhyfedd felly i'r gŵr ifanc ugain oed o Iwerddon gael ei dderbyn yn aelod o'r Orsedd pan ymwelodd â'r Eisteddfod Genedlaethol yng Nghaerdydd ym 1899. Roedd cynrychiolwyr o'r gwledydd Celtaidd eraill yn bresennol yn ogystal â rhai cynrychiolwyr o Iwerddon. Siaradodd Pearse oddi ar y Maen Llog ar ddydd Mawrth yr Eisteddfod a derbyniwyd ef i'r Orsedd ar y dydd Iau. Mae cerrig Cylch yr Orsedd a'r Maen llog i'w gweld yn awr yng Ngerddi'r Orsedd ym Mharc Cathays, Caerdydd—o flaen yr Amgueddfa Genedlaethol. Mae'n dra thebyg mai oddi ar y Maen Llog hwnnw y siaradodd Pearse. Pan oeddwn yn Eglwys Gadeiriol Llandaf adeg gwasanaeth dathlu Jiwbili'r Urdd ac yn gwrando ar anerchiad ysbrydoledig Mr. Hywel D. Roberts, ni allwn beidio â dwyn i gof bod Padraig Pearse, yn ôl a ddarllenais, yntau hefyd wedi ymweld â'r eglwys gadeiriol hon cyn dychwelyd adref o Gaerdydd ym 1899.

Drwy ei farw dyrchafwyd Pearse i diriogaeth chwedlon-iaeth genedlaethol ac nid hawdd bob amser yw bod yn wrthrychol wrth ymdrin ag ef. Yr oedd yn yr Wyddeleg ac yn Saesneg, ond yn arbennig yn yr Wyddeleg, yn fardd ac yn ddramodydd, yn awdur llu o ddarnau rhyddiaith, yn storïau, erthyglau ac ysgrifau. Roedd yn areithydd gwych ac mae ei areithiau yn werth eu hastudio fel darnau o lenyddiaeth. Roedd hefyd yn athro goleuedig (ymhell o flaen ei oes), yn filwr, yn wladgarwr ac yn y diwedd, yn Ferthyr.

Ganed Padraig Henry Pearse, Tachwedd 10fed, 1879, yn 27 Great Brunswick St., Dulyn, stryd a elwir yn awr, ar ôl y teulu, yn Pearse St., ac yno y gweithiai'r tad, James Pearse, fel cerflunydd. Mae'n debyg mai cerfio cerrig coffa oedd ei brif waith ond roedd yn gerflunydd go iawn hefyd a gwelir enghreifftiau o'i gerfluniaeth mewn llawer o eglwysi yn Iwerddon. Sais oedd James Pearse. Ganed ef yn Llundain er mai yn swydd Dyfnaint yr oedd ei wreiddiau. O Birming-ham y daeth yn ŵr ifanc i Ddulyn. Bu'n briod ddwywaith. Bu farw'r wraig gyntaf yn ddeg ar hugain oed ac ym mhen blwyddyn priododd â Margaret Brady, Gwyddeles o swydd Meath. Ganed pedwar o blant o'r ail briodas hon, dwy ferch a dau fab, Padraig, a William a aned ym 1881. Meddwl radical o Sais oedd gan James Pearse ac yr oedd yn gefnogwr cadarn i Ymreolaeth i Iwerddon. Sylweddolodd ar unwaith mor wrthun oedd gwaseidd-dra hunan-ddarostyngol y Gwyddyl cyffredin. Synnai at ddifrawder truenus y rhan fwyaf o'r bobl ynglŷn â phroblemau gwleid-yddol ac arswydai at eu diffyg dealltwriaeth anhygoel o faterion a oedd o'r pwysigrwydd cenedlaethol mwyaf. Roedd yn ŵr diwylliedig ar lawer cyfrif ond ni chyhoedd-odd ond un gwaith llenyddol.

Cyffrowyd ef yn fawr gan bamffled a gyhoeddwyd gan ryw Thomas Maguire, Cymrawd o Goleg y Drindod, a wrth-wynebai Ymreolaeth yn y dull mwyaf ffiaidd ac a ddifrïai yr arweinwyr cenedlaethol yn gywilyddus. Dengys brawddeg gyntaf pamffled Maguire mor faleisus a phryfoclyd yr oedd: *Most people,* meddai, *will admit at first blush that Ireland is less civilised than England*—ac âi yn ei flaen i chwythu tân ei ddigasedd. Roedd hyn yn fwy nag y gallai James Pearse ei oddef a phenderfynodd fod yn rhaid iddo ateb y gwalch Maguire, a dyna a wnaeth yn ei bamffled *England's duty to Ireland as it appears to an Englishman.* Ar waethaf ei arddull flodeuog, chwyddedig, dengys y pamffled fod y Sais hwn wedi ei ennill drosodd yn llwyr i achos rhyddid i Iwerddon. Roedd yn dad teilwng i deulu o genedlaethol- wyr. Bu farw'n ddisymwth ym 1900. Awyrgylch y cartref yw'r dylanwad pwysicaf yn natblytiad plentyn ac felly yr oedd gyda Padraig Pearse. Gwyddom sut un oedd ei dad. Cenedlaetholwraig dawel, ddiffuant oedd y fam. Er ei bod yn ddiysgog ei chefnogaeth i genedlaetholdeb nid oedd dim yn filwriaethus ynddi hi. Nid ganddi hi y cafodd Pearse yr haearn yn ei gymeriad a'i syniadau am frwydro a gwrth- ryfel, am aberth a thywallt gwaed. Gyda ffurfiad y Gwir- foddolwyr Gwyddelig ym 1913 bu'n rhaid i'r fam aros oriau hirion yn y nos i'w dau fab ddychwelyd adref ar ôl hyffordd- iant milwrol yn y caeau a'r coedydd. Pan ddaeth i syl- weddoli arwyddocâd hyn oll a deall bod ei mab Padraig yn benderfynol o gael gwrthryfel arfog, derbyniodd y sefyllfa a rhoes ei bendith arno er ei bod yn amau ei ddoethineb ac angenrheidrwydd yr hyn y bwriadai ei wneud.

Er cystal eu rhieni y dylanwad pwysicaf ar y bechgyn yng nghylch y teulu oedd, nid y rhieni, ond hen-fodryb oed- rannus o ochr y fam. *A kindly greyhaired seanachaidhe* (cyfarwydd), oedd disgrifiad Pearse ohoni yn *An Macaomh* (Y Macwy), cylchgrawn ei ysgol. Roedd hon yn cofio gwrth- ryfeloedd 1848 a 1867 ac yn cofio hefyd gyfnod ofnadwy y Newyn Mawr. Roedd wedi siarad â ffrindiau personol i Wolfe Tone a Robert Emmett ac adroddai storïau di-rif am arwyr o weriniaethwyr a fu'n brwydro hyd angau dros ryddid i Iwerddon. Syrthiodd Padraig a Willie a'u chwiorydd yn llwyr o dan gyfaredd storïau yr hen wraig anghyffredin hon a thrwyddi hi dechreuasant ymgydnabod â'r etifeddiaeth Wyddelig ysblennydd a gollasid bron yn gyfan gwbl, a chofleidio cenedlaetholdeb. Mewn byr amser roedd Padraig wedi'i feddiannu gan gariad angerddol tuag at yr Iwerddon a gafodd y fath gam erchyll, tuag at ei gorffennol ac at ei breuddwydion i'r dyfodol. Fel y tyfai, cynyddu a wnâi'r cariad hwn. Ym 1890, pan oedd yn un ar ddeg oed, prynodd Padraig Pearse ei lyfr cyntaf—Gramadeg Gwyddeleg. Cafodd ei addysg yn Ysgol y Brodyr Cristnogol yn Westland Row, Dulyn, ond gan yr hen-fodryb y dysgodd y cerddi gwrthryfelgar a'r hen faledi a fynega ysbryd herfeiddiol y Gwyddel. Dysgodd Wyddeleg drwy ramadeg a chyhoeddiadau'r Gymdeithas i gadw'r iaith Wyddeleg ac yn ddiweddarach yn nosbarthiadau'r Canon O'Leary. Âi'r teulu ar wyliau i'r Gorllewin ac ymwelodd Padraig ag Ynysoedd Aran—y gwyliau delfrydol, y gorau posibl y gallai un fel ef eu mwynhau. Yn y Gorllewin gallai ymarfer â siarad Gwyddeleg a gwella ei Wyddeleg llafar. Yno hefyd gallai weld olion yr hen wareiddiad a addolai â'r fath angerdd. Âi'n aml i Gonamara lle cododd fwthyn yn ddiweddarach yn Rosmuc, yng ngolwg Y Deuddeg Trum. Âi yno ar ei ben ei hun neu gyda'i frawd neu ei chwiorydd i ddrachtio o'r hen draddodiadau a'r hen chwedlau, a hynny yn yr Wyddeleg, wrth gwrs. Sylweddolodd mai iaith ac idiomau Gaeltacht Conamara oedd cadwrfa olaf gwareiddiad yr Wyddeleg a phenderfynodd fod yn *rhaid* cadw'r iaith a'r gwareiddiad a gynrychiolai i'r genedl gyfan i'r 'oesoedd a ddêl.'

Ym 1896 ymaelododd Padraig Pearse yn fyfyriwr yn y Brifysgol Frenhinol. Ychydig o'i gyd-fyfyrwyr a gymerai unrhyw ddiddordeb yn yr Wyddeleg ond yr oedd rhai, a gwnaeth gyfeillion ohonynt. Rhaid bod rhywbeth braidd yn eofn yn y llanc ifanc hwn gan iddo ef a'r grŵp bychan o ffrindiau, yn ei flwyddyn gyntaf yn y coleg, sefydlu *The New Ireland Literary Society*, gyda'r bwriad o boblogeiddio i'r 'barbariaid' farddoniaeth a llên-gwerin yr Wyddeleg. Pearse oedd llywydd y gymdeithas hon ac fel llywydd, traddododd dair darlith—yn Saesneg—un ar ryddiaith yr Wyddeleg, un ar ganeuon gwerin Iwerddon ac un ar ddyfodol meddyliol y **Gwyddel**. Cyhoeddwyd y darlithiau hyn yn llyfr—*Three Essays on Gaelic Topics*—ym 1898, cyn bod Pearse yn bedair ar bymtheg oed a dangosant yn glir ei fod yn genedlaetholwr brwdfrydig o duedd cyfriniol, ar y pryd, yn hytrach na chwyldroadol. 'Nid yw'r Gwyddel', meddai ym 1897, 'fel dynion eraill. Nid iddo ef y rhaw a'r gwŷdd a'r cleddyf. Mae tynged fwy gogoneddus nag eiddo Rhufain, mwy gogoneddus nag eiddo Prydain yn ei ddisgwyl ef.' Nid oedd Pearse ar hyn o bryd wedi dod i'r casgliad bod yn rhaid wrth aberth-gwaed a dulliau arfog i sicrhau annibyniaeth i Iwerddon. Yn naturiol, denwyd ef yn gynnar gan Gynghrair yr Wyddeleg ac er mai anwleid-yddol oedd y Cynghrair hyd 1915, drwy'r Cynghrair y daeth Pearse, fel llawer un arall, yn genedlaetholwr cwbl ymroddedig. 'Dechreuodd fy ngwasanaeth i Douglas Hyde', meddai ef ei hun, 'pan nad oeddwn ond un ar bymtheg oed'. Wedi dod i'r Brifysgol ymdaflodd fwyfwy i waith y Cynghrair.

Graddiodd ym 1901 a daeth yn far-gyfreithiwr yn fuan wedyn. Mae'n sôn am un achos diddorol lle roedd yn y llys yn amddiffyn ffermwr o Donegal. Trosedd y ffermwr hwn oedd rhoi ei enw ar ei gert mewn llythrennau annarllen-adwy, h.y. llythrennau Gwyddelig. Colli'r dydd a wnaeth Pearse a dirwywyd y ffermwr. Ni wnaeth y gyfraith fawr o apêl at Pearse a phenderfynodd roi'r gorau iddi. Teimlai y dylai ei yrfa ganolbwyntio ar addysg. Ym 1903 apwynt-iwyd ef yn olygydd cylchgrawn swyddogol Cynghrair yr Wyddeleg, sef *An Claidheamh Soluis* (Cleddyf Goleuni). Cyhoeddwyd yn y cylchgrawn gyfres o erthyglau pwysig ar addysg ac yn arbennig addysg ddwyieithog. Pearse ei hun oedd yn gyfrifol am lawer o'r erthyglau hyn a dangosant mor rhyfeddol o oleuedig ydoedd ar faterion addysg a dysgu Gwyddeleg. Yr un oedd ei broblemau ef â llawer o'n problemau ni yng Nghymru heddiw a rhaid cydnabod bod ei awgrymiadau ar y ffordd orau i ddatrys problem yr iaith yn fodern iawn. Iddo ef roedd yr iaith yn rhan anhepgor o'r genedl. Yn ei waith yng Nghynghrair yr Wyddeleg roedd wedi darganfod nid ieitheg a llên-gwerin yn unig ond Cenedl, a dechreuodd droi'n filwriaethus.

Ym mis Medi 1908 sefydlodd ysgol ddwyieithog i fechgyn—Coleg Sant Enda—yn Cullenswood House, Rath- mines, Dulyn, ond gwelwyd bod y lle yn rhy fach, ac ym 1910, symudodd ei *Sgoil Eanna* i'r *Hermitage,* plasty bum milltir i ffwrdd yn Rathfarnham a chaeau o'i amgylch. Cafodd gymorth ariannol gan gyfeillion i sicrhau prydles ar y lle hwn. Yn y *Sgoil Eanna* y sylweddolwyd un o'i freudd- wydion. Ysgol breswyl ydoedd ac yr oedd deugain—trigain a deg yn ôl rhai—o leiaf, yn bresennol ar y diwrnod yr agor- wyd yr ysgol. Rhyw un neu ddau yn unig o'r disgyblion a wyddai Wyddeleg ond, er hynny, siaradodd Pearse yn yr Wyddeleg ac yn Saesneg. Dywedodd bopeth yn y ddwy iaith gan droi o un iaith i'r llall fel cyfieithydd mewn llys—y tro cyntaf erioed i rai o'r bechgyn glywed Gwyddeleg—yr oeddynt i'w chlywed bob dydd o hynny ymlaen nes ei bod mor gynefin iddynt â Saesneg. Gwyddeleg oedd iaith swyddogol yr ysgol. Roedd pawb i'w dysgu a hi fyddai iaith yr holl chwaraeon. Ar wahân i ieithoedd a phynciau gwydd- onol dysgid popeth yn ddwyieithog. Ar yr Wyddeleg yr oedd y pwyslais i fod. Yn ei anerchiad, fel prifathro, dywedodd wrth y disgyblion 'Rhaid inni ail greu a chadw traddodiad dewr Cuchulain'.... 'Gwell bywyd byr gydag anrhydedd na bywyd hir gyda chywilydd' . . . 'Ni waeth gennyf pe bawn byw am ddim ond un diwrnod ac un nos os bydd byw fy nghlod a'm gweithredoedd ar fy ôl'. Soniodd hefyd am 'Nerth yn ein dwylo. Gwirionedd ar ein gwefusau, Glendid yn ein calonnau', ac am draddodiad Crist-debyg Columcille, 'Os byddaf farw, bydd hynny oherwydd gormodedd fy serch tuag at y Gwyddel.' Gorffennodd Pearse â geiriau a wnâi'n amlwg ei freuddwyd am Iwerddon Wyddeleg ei hiaith, 'Siaradwn yr Wyddeleg,' meddai, 'nid oherwydd ei bod yn iaith dlos a pharchus, nid am fod ynddi lenyddiaeth ogoneddus a hynafol ond oherwydd mai ein hiaith *ni* ydyw.' Gwnaeth argraff annileadwy ar ei gynulleidfa ac ysbrydolwyd llawer gan angerdd ei ffydd nid yn unig i feistroli'r iaith ond i ddilyn delfrydau'r prifathro hefyd. Ysgrifennodd Pearse ei hun, yn Saesneg, hanes yr ysgol, a'r teitl a roes i'r hanes yw *The Story of a Success*. Ni allai ddygymod â'r syniad o fethiant.

Ym 1912 cyhoeddodd ei bamffled enwog *The Murder Machine.* Bu llawer o sôn am y peiriant mwrdro hwn yng Nghymru ac mewn gwledydd eraill ond Pearse a feddyliodd am yr enw. Mae'n werth cofnodi rhai o'r pethau a sgrifennodd mor rymus yn y pamffled: 'Yr wyf wedi treulio rhan fwyaf fy mywyd yn ystyried y mwyaf gwrthun ac erchyll o'r dyfeisiau Saesneg i ddarostwng a diraddio Iwerddon, sef ei chyfundrefn addysg. Cynigiodd y Saeson unwaith yn eu Senedd hwy yn Nulyn fesur i ysbaddu pob offeiriad o Wyddel a wrthodai adael Iwerddon. Roedd y cynnig mor ffiaidd fel nas mabwysiadwyd er iddo gael ei basio yn y Senedd a'i drosglwyddo i Loegr gyda chymeradwyaeth frwd y Rhaglaw. Ond y mae'r Saeson wedi gweithredu peth llawer mwy ffiaidd. Maent hwy wedi cynllunio a sefydlu cyfundrefn addysg sy'n treisio hawliau dynol elfennol plant o Wyddyl yn fwy dieflig nag a wnâi deddf i ysbaddu pob gwryw o Wyddel.' . . . 'Dylai Addysg feithrin; pwrpas yr addysg hon yw darostwng. Dylai Addysg ysbrydoli; pwrpas yr addysg hon yw dofi' . . . 'Cynlluniwyd y gyfundrefn addysg yma gan ein meistriaid er mwyn ein gwneud yn gaethweision parod neu hydrin o leiaf.' . . . 'Ni all peth dienaid addysgu, ond gall ddinistrio. Ni all peiriant wneud dynion, ond gall eu torri.' . . . 'Un o'r pethau mwyaf arswydus am y gyfundrefn addysg Seisnig yn Iwerddon yw ei chreulondeb . . . mae'r creulondeb hwn yn llythrennol ddidrugaredd a didostur. Mae'n oer a mecanyddol fel creulondeb peiriant anferthol o gryf' . . . 'Mae'r peth a elwir yn addysg yn Iwerddon wedi'i sylfaenu ar wadu bodolaeth cenedl y Gwyddyl.' . . . 'Am fod y gyfundrefn addysg Seisnig wedi dileu'n fwriadol y ffactor genedlaethol y mae wedi llwyddo mor aruthrol. Oherwydd y *mae* wedi llwyddo — wedi llwyddo i wneud caethweision ohonom. Ac y mae wedi llwyddo mor dda fel na sylweddolwn mwyach ein bod yn gaethweision. Mae rhai ohonom yn meddwl bod hyd yn oed ein cadwyni yn addurnol a braidd yn amheus a fyddwn yn llawn mor gyffyrddus ac yn llawn mor barchus pan gânt eu torri i ffwrdd.'

Ugain mlynedd ar ôl y Gwrthryfel mi gefais innau'r cyfle i ymweld â Sant Enda, ac, mewn cromfachau fel petai, rwyf am sôn ychydig am y profiad personol hwn a ddaeth i'm rhan. Roedd gennyf gyfaill o Wyddel ac yr oedd yntau nid yn unig yn adnabod teulu Pearse ond yn adnabod ei chwaer a oedd yn parhau i fyw yn Sant Enda, h.y. *The Hermitage.* Trwy'r cyfaill hwn cefais wahoddiad i ymweld â Sant Enda ac felly euthum yno un prynhawn o haf. Sylwais ar unwaith mai plasty go iawn oedd y lle. Y cof sydd gennyf i amdano yw mai adeilad sgwâr, urddasol ei olwg ydoedd, gyda phedwar o bileri tal, preiffion o flaen y prif ddrws. Cefais groeso cynnes gan Margaret Pearse ond cyn gynted ag yr euthum i mewn teimlais fod rhyw awyrgylch bruddaidd i'r lle. Lle gynt y bu bywyd a nwyf, lle bu asbri ieuenctid a llawer o gynllunio a pharatoi ar gyfer Iwerddon newydd, nid oedd ar y dydd arbennig hwn ond distawrwydd llethol. Yn Ysgol Sant Enda nid oedd ond ysbrydion y gorffennol a chreiriau'r dyddiau diddan a'r dyddiau cyffrous a fu. Nid oedd ond pedair blynedd er pan fu farw mam Padraig a Willie Pearse. Gŵyr y Gwyddyl sut i anrhydeddu eu meirw ac yn angladd y fam hon gwelwyd cyfle i anrhydeddu ei

meibion drwy ei hanrhydeddu hi a chafodd un o'r ang-
laddau mwyaf a welodd Iwerddon eriœed. Esboniodd
Margaret Pearse wrthyf fod popeth yn y tŷ wedi'i adael yn
union yr un fath ag yr oedd ar y bore hwnnw pan adawodd
ei brodyr y tŷ am y tro olaf. Roedd y fam a'r chwaer wedi
byw gyda chysgodion y gorffennol.

Ger y prif ddrws roedd cwpwrdd ac ynddo ddau gwpan.
'Yfodd Pat a Willie gwpanaid o de cyn mynd,' meddai eu
chwaer, 'dyma'r cwpanau a ddefnyddiwyd ganddynt.' Iddi
hi roedd y ddau gwpan plaen, syml hyn yn gysegredig. Nid
oedd ond cwpan y Cymun Sanctaidd yn fwy cysegredig yn
ei golwg hi. Yna aeth â mi o ystafell i ystafell ac i'r brif
ystafell. Yno roedd y bwrdd-du ar yr isl, yn union fel y
gadawyd ef, yno roedd y sialc hefyd a'r desgiau gweigion.
Nid oedd ond un peth newydd yn yr ystafell, sef piler o
farmor gwyn a godwyd gan fam Padraig Pearse i goffáu ei
meibion ac eraill a syrthiodd yn y frwydr. Aed â mi wedyn i
fyny'r grisiau i weld y dormitori. Yno eto roedd popeth
wedi'i adael fel yr oedd, pob gwely yn ei le arferol. Drych o
dristwch oedd edrych dros ysgol Sant Edna y dwthwn
hwnnw. Roedd yn Margaret Pearse lawer o ruddin ei
brodyr. Un ddwys, dawel oedd ond ni ellid camsynied y
cadernid di-ildio yn ei chymeriad hithau hefyd. Roedd ei
balchder yn ei brodyr yn gymorth iddi ddal lawer o siomed-
igaethau llym a phrofedigaethau chwerw.

Cyn Gwrthryfel Pasg 1916 nid oedd gan W. B. Yeats
lawer o olwg ar Padraig Pearse ac eraill tebyg iddo. Roedd
Yeats yn llawn o'i bwysigrwydd ei hun a chyda hynny roedd
yn ddyn 'gofalus'. I Yeats nid oedd Pearse 'ond ysgolfeistr',
o'r braidd yn werth sylw wrth fynd heibio iddo:

> I have passed with a nod of the head
> Or polite meaningless words . . .
> And thought before I had done
> Of a mocking tale or a gibe.

Ond ar ôl dienyddio Pearse a'r lleill newidiodd agwedd Yeats yn llwyr. Rhoes digwyddiadau Pasg 1916 ysgytwad i'w enaid a cheir tystiolaeth o'r newid barn e.e. yn y gerdd *The Rose Tree* ac yn *Easter 1916*:

> And what if excess of love
> Bewildered them till they died?
> I write it out in a verse—
> MacDonagh and MacBride
> And Connolly and Pearse
> Now and in time to be,
> Wherever green is worn,
> Are changed, changed utterly:
> A terrible beauty is born.

Ac nid Yeats yn unig a ddaeth i sylweddoli—yn rhy ddiweddar—eu bod, ym marw Pearse, wedi colli nid arwr o wladgarwr yn unig ond llenor dawnus iawn hefyd. Pe bai ei Iwerddon yn gwbl rydd a Pearse wedi cael byw, y mae'n dra thebyg y byddai wedi datblygu'n un o'r llenorion gwir fawr. Rhoes gymaint o'i amser i wleidyddiaeth ac i'r frwydr dros ryddid i'w genedl fel na allai roi ei sylw cyntaf i lenyddiaeth greadigol, a'r syndod yw iddo adael ar ei ôl gymaint o waith sy'n dangos ei fod yn athrylith anghyffredin. Mae llawer ohono yn haeddu astudiaeth fanwl. Yng Nghymru, beth bynnag am Iwerddon, ni chafodd Pearse hyd yn hyn y clod a haedda fel llenor.

Ar ôl ei farw dechreuwyd casglu holl waith Pearse, ac ym 1927 cyhoeddwyd *The Complete Works of P. H. Pearse*, pum cyfrol drwchus. Tueddir weithiau i feddwl mai yn Saesneg yr ysgrifennodd Pearse y rhan fwyaf o'i waith ond ar wahân i'w areithiau a'i erthyglau gwleidyddol nid yw hynny'n wir. Yn yr Wyddeleg, yn wreiddiol, y gwnaeth y rhan fwyaf o'i waith er bod llawer ohono ar gael wedi'i gyfieithu. Gan fod y pum cyfrol yn cynnwys ei holl waith llenyddol—Saesneg a Gwyddeleg—buddiol, efallai, fydd cyfeirio at eu cynnwys. Yn Saesneg y mae'r gyfrol gyntaf a welais—*St. Enda's and its Founder*—hanes Coleg Sant Enda o'i sefydliad ym 1908 hyd 1916. Pedair pennod gan Pearse yw tua hanner y llyfr a theyrnged iddo gan Desmond Ryan, un o'i gyn-ddisgyblion, yw'r hanner arall. Cawn Pearse yn sôn am ffynonellau'r ysbrydiaeth a gafodd i sefydlu'r ysgol—sut a phaham yr aeth ati i fod yn arloeswr mor bwysig yn hanes addysg Iwerddon. Drwy'r hanes i gyd ac, yn wir, yn y pum cyfrol mae'r hyn a geir gan Pearse yn datguddio llawer amdano'n bersonol. Dyma hunangofiant mewn gwirionedd, gan eu bod yn datguddio cymaint am Pearse y Dyn.

Yn y bennod *Strivings,* wrth sôn am ddrama y bwriedid ei pherfformio yn yr ysgol, dywed Pearse,—

'Mae'n debyg mai dramodiad o *Iosagán* fydd y ddrama. Yn *Iosagán* rwyf wedi dilyn yn fanwl ddull o siarad y plant a'r hen wŷr yn Iar-Connacht y dysgais oddi wrthynt yr Wyddeleg a siaradaf. Nid drama yw *Iosagán* i theatrau cyffredin nac i chwaraewyr cyffredin. Mae'n gofyn am awyrgylch arbennig ac agwedd meddwl arbennig ar ran y chwaraewyr. Y mae, mewn gwirionedd, wedi'i hysgrifennu i'w pherfformio mewn lle arbennig a chan chwaraewyr arbennig. Gwn y caiff yn y lle hwnnw a chan y chwaraewyr hynny ei thrin â'r parch sy'n ddyledus i weddi. Wrth ddwyn y Plentyn Iesu i ganol grŵp o fechgyn yn ymryson ynglŷn â'u chwaraeon, neu at benliniau hen ŵr sy'n canu hwiangerdd wrth blant, nid wyf yn dychmygu dim annhebygol, dim tu allan i gyffiniau profiad-pob-dydd plant bychain diniwed a hen wŷr a hen wragedd gwylaidd, gostyngedig. Gwn am offeiriad sy'n credu iddo gael ei alw at wely angau un o'i blwyfolion gan Ein Harglwydd Ei Hun, ac y mae llawer o gannoedd o bobl yn y cefn gwlad yr ysgrifennaf i amdano sy'n gwybod bod Mair a'i Phlentyn ar nosweithiau arbennig yn cerdded drwy'r pentrefi ac os bydd drysau'r bythynnod ar agor bydd yn mynd i mewn ac yn eistedd am ysbaid wrth ochr tân y tlodion'.

Teitlau'r llyfrau eraill yn y *Complete Works* yw *Plays, Stories, Poems,* sef cyfieithiadau gan Joseph Campbell o lawer o gynnwys un arall o'r cyfrolau—*Scribinni*—(sydd i gyd yn yr Wyddeleg) er bod rhai pethau yn *Plays, Stories, Poems* nad ydynt yn y gyfrol Wyddeleg. Y ddau lyfr arall yw *Political Writings and Speeches* a *Songs of the Irish Rebels and Specimens from an Irish Anthology* ynghyd â thair darlith Saesneg.

Yn yr Wyddeleg y mae cerddi'r gwrthryfelwyr a'r cerddi eraill, gyda chyfieithiadau yn dilyn. Wyth o gerddi yn unig sydd yn yr enghreifftiau o'r 'Flodeugerdd', ac yn ei rag-ymadrodd dywed Pearse:

'Mae'r gwynt yn chwythu lle y mynno ac yn Iwerddon yn y blynyddoedd diwethaf hyn chwythodd yn aml i fwthyn y gwerinwr'.

Mae'n amlwg bod Pearse wedi dewis y cerddi yn ofalus. Cerddi'r werin ydynt ond ceir un gerdd a ysgrifennwyd yn America—'Wylofain tad am ei blentyn sydd wedi boddi'. Cyhoeddwyd y gerdd hon gan Pearse yn *An Claidheamh Soluis* pan oedd awdur y farwnad eto'n fyw. Ni fynegodd Gomer ar ôl ei fab na Robert ap Gwilym Ddu ar ôl ei ferch ing a hiraeth mwy torcalonnus nag a geir yn y gerdd hon. Yn ei symlrwydd a'i diffuantrwydd mae'n effeithiol dros ben. Ymddiheura Pearse nad yw ei gyfieithiad o'r Wyddeleg yn deilwng o'r gerdd. Mae'r pum cyfrol yn bwysig nid yn unig yn rhinwedd y goleuni a daflant ar gymeriad Pearse ond yn rhinwedd eu gwerth llenyddol cynhenid hefyd.

Cynnwys *Plays, Stories, Poems* yw pedair drama, *The Singer, The King (An Rí), The Master* a *Iosagán*—dwy ohonynt i'w cael yn yr Wyddeleg yn *Scribinni,*—deg o storïau a dwy ar hugain o gerddi. Bachigyn yw'r enw Iosagán a'i ystyr yw 'Iesu bach' neu 'Iesu bach annwyl'. Hoffwn dynnu sylw at bopeth yn y llyfr hwn ond gan fod hynny'n amhosibl rhaid dewis enghreifftiau. Yr oedd Pearse yn ddyn crefyddol iawn a cheir cyfeiriadau mynych yn ei waith at y Forwyn Fair a'r Plentyn Iesu ac at ddioddefaint Crist. Ymddengys i mi mai un o'i ddramâu cyntaf yw *Iosagán* ac ynddi hi, fel yn ei storïau cynnar y mae ffresni a thynerwch—ac ni wadodd Pearse y gellid dweud bod ynddi sentimentalrwydd hefyd. Dwy olygfa sydd yn *Iosagán*—a naw o gymeriadau, Iosagán (y Plentyn Iesu), yr hen ŵr, Matthias (yn llawn o ddiniweidrwydd ei ail blentyndod), offeiriad a chwech o fechgyn. Lleolir y ddrama ar lan y môr yn Iar-Connacht, yn agos i fwthyn a phentref. Efallai y bydd diwedd yr olygfa gyntaf yn cyfleu rhywfaint o naws y ddrama hon:

Matthias (yr hen ŵr): Iosagán! (Mae'r Plentyn yn troi'n ôl ac yn rhedeg ato.) Tyrd yma ac eistedd ar fy mhen-lin am ychydig, Iosagán. (Mae'r Plentyn yn cydio yn llaw'r hen ŵr a chroesant y ffordd gyda'i gilydd. Eistedd Matthias ar ei gadair a thyn Iosagán tuag ato.) Ble'r wyt Ti'n byw, Iosagán?

Iosagán: Nid yw Fy nhŷ ymhell oddi yma. Paham na ddeui di i'm gweld?

Matthias: Byddai arnaf ofn mewn tŷ brenhinol. Maent yn dweud wrthyf fod Dy Dad yn frenin.

Iosagán: Efe yw Uchel-Frenin y byd. Nid oes reswm i ti ei ofni Ef. Mae'n llawn tosturi a chariad.

Matthias: Rwy'n ofni nad wyf wedi cadw ei gyfraith.

Iosagán: Gofyn iddo am faddeuant. Fe wnaf I a'm Mam eiriol drosot ti.

Matthias: Mae'n drueni na welais i Di cyn hyn Iosagán. Ble'r oeddit Ti?

Iosagán: Roeddwn yma bob amser. Rwyf yn arfer teithio'r ffyrdd a cherdded y bryniau ac aredig y tonnau. Rwyf ymysg y bobl pan ymgasglant yn Fy nhŷ. Rwyf ymysg y plant a adawant ar ôl yn chwarae yn y stryd.

Matthias: Roeddwn i'n rhy swil neu'n rhy falch i fynd i mewn i'th dŷ, Iosagán. Ymysg y plant y cefais i Di.

Iosagán: Nid oes unrhyw le nac amser lle mae plant yn cael hwyl nad wyf I gyda hwy. Weithiau, maent yn Fy ngweld a phryd arall ni welant Fi.

Matthias: Ni welais i Di tan yn ddiweddar.

Iosagán: Mae'r bobl sydd wedi tyfu i fyny i gyd yn ddall.

Matthias: A chaniatawyd i *mi* Dy weld, Iosagán.

Iosagán: Rhoddodd Fy Nhad ganiatâd i Mi ddangos Fy Hun i ti oherwydd dy fod yn caru Ei blant bychain (*Clywir lleisiau'r bobl yn dychwelyd o'r Offeren*) Rhaid imi fynd oddi wrthyt yn awr.

Matthias: Gad i mi gusanu ymyl Dy gôt.

Iosagán: Cusana hi (*Mae'n cusanu ymyl Ei gôt*).

Matthias: A gaf i Dy weld eto, Iosagán?

Iosagán: Cei, cei.

Matthias: Pa bryd?

Iosagán: Heno.

(*Mae Iosagán yn mynd, a'r hen ŵr yn sefyll ar y trothwy yn edrych ar Ei ôl.*)

Matthias: Caf Ei weld heno!

(*Mae'r bobl yn mynd heibio ar hyd y ffordd wrth ddychwelyd o'r Offeren.*)

LLEN

Un fer iawn yw'r ail olygfa—yn ystafell yr hen Fatthias. Mae Matthias ar ei wely angau ac offeiriad yn gwrando ei gyffes olaf. Ymddengys Iosagán ar y trothwy—â'i ddwy fraich wedi'u hestyn tuag at Matthias. Mae goleuni gwyrthiol o amgylch wyneb a phen Iosagán.

Matthias: Iosagán! Rwyt Ti'n dda, Iosagán. Ni siomaist fi, 'Nghariad i. Roeddwn i'n rhy falch i fynd i mewn i'th dŷ, ond yn y diwedd, caniatawyd i mi Dy weld Di. 'Roeddwn I yma bob amser', medde Fe. 'Rwyf yn arfer teithio'r ffyrdd a cherdded y bryniau ac aredig y tonnau. Rwyf ymysg y bobl pan ymgasglant yn Fy nhŷ. Rwyf ymysg y plant a adawant ar ôl yn chwarae yn y stryd'. Ymysg y plant y cefais i Di, Iosagán. A gaf i Dy weld eto? 'Cei, cei', medde Fe, 'fe weli Fi heno. (*Syrthia Matthias yn ôl ar y gwely yn farw. Â'r offeiriad ato a chau ei lygaid.*)

LLEN

Ystyrir *The Singer,* ei ddrama olaf, a ysgrifennwyd yn hydref 1915 yr orau o ddramâu Pearse. Drama angerddol ei gwladgarwch yw hon. Mae'n farddonol ei harddull a cheir cyfeiriadau—sy'n gyffredin yng ngwaith Pearse—at ofidiau gwragedd, aberth a hunan-aberth. Arwr y ddrama yw MacDara ac ni ellir peidio ag uniaethu MacDara â Pearse ei hun. Dyma eiriau arwyddocaol:

Diarmaid: Tybiem mai peth ffôl oedd i bedwar ugain fynd i'r frwydr yn erbyn pedair mil neu, efallai, yn erbyn deugain mil.

MacDara: O, felly, peth ffôl ydyw! A fynnech inni fod yn ddoeth?

Mae'r ddrama un-act hon yn gorffen fel hyn:

MacDara: Gall un dyn ryddhau cenedl fel y gwaredodd un Dyn y byd. Ni chymeraf bicell. Af i mewn i'r frwydr â'm dwylo'n weigion. Safaf o flaen y gelyn fel y crogai Crist, yn noeth o flaen dynion ar y pren.

Y Fam: Fy mab, MacDara, yw'r Canwr sydd wedi bywiocáu'r blynyddoedd meirwon a'r holl lwch tawel.

Yn dilyn y syniad bod tywallt gwaed yn glanhau, datblygodd ym meddwl Pearse weledigaeth y gellid dymchwelyd anghyfiawnder a chaethiwed drwy aberthu bywyd. Os Wolfe Tone, Robert Emmett a John Mitchel oedd prif ffynonellau cenedlaetholdeb Pearse, roedd i'r syniad am aberth elfen grefyddol gref, elfen Feseianaidd. Arwr ei ddrama *An Rí* yw plentyn bychan, y diniweitiaf o fechgyn, y mae ei barodrwydd i roi ei fywyd dros ei bobl yn eu rhyddhau. Mae'r plentyn yn ennill buddugoliaeth ond yn marw yn y frwydr. 'Dy burdeb', ebe'r Abad yn y ddrama, 'sydd wedi gwaredu fy mhobl' . . . 'Peidiwch ag wylo am y plentyn gan iddo brynu rhyddid i'w bobl. Bydded inni weiddi ein gorfoledd a chanu cân o fawl i Dduw'. Ni allai Pearse ymryddhau oddi wrth y syniad Meseianaidd—bod yn rhaid wrth ryw Feseia i waredu'r gorthrymedig. Yn ei erthygl *The Coming Revolution* (Tachwedd 1913) dywed:

'Nid cawnen wedi'i siglo yn y gwynt oedd Cynghrair yr Wyddeleg, nid rhyw *vox clamantis*; yr oedd yn broffwyd ac yn fwy na phroffwyd ond nid y Meseia ydoedd. Ni wn a yw'r Meseia eto wedi dod ac nid wyf yn siŵr a fydd unrhyw Feseia gweladwy, personol yn y brynedigaeth hon; efallai mai'r genedl ei hun fydd ei Meseia ei hun, y bobl—yn llafurio, wedi'u coroni â drain ond yn atgyfodi yn anfarwol ac anorchfygol'.

Efallai, er hynny, i gysgod amheuon weithiau groesi ei feddwl. Yn y ddrama, *The Master*, dywed y meistr wrth un o'i ddisgyblion:

'A all milwr ymladd dros achos nad yw'n sicr ohono? A all athro farw dros yr hyn nad yw'n credu ynddo? Maddau i mi Arglwydd, fy ngwendid sy'n gweiddi allan'.

Ysgrifennwyd *The Singer, An Ri* a *The Master* gan ŵr yr oedd myfyrio ar y frwydr o'i flaen, ar ingoedd ac ar angau, wedi dod yn rhan o'i fywyd a'i gelfyddyd. Ing iddo ef oedd difrawder ei genedl, a sylweddolai i'r byw y byddai rhai yn ei felltithio yn eu calonnau am ddwyn angau i'w cartrefi. Loes iddo oedd rhagweld 'wynebau trist y meirwon ac wylofain gwragedd'. O'r tu allan y deuai'r amheuon, nid yn ei enaid ef y ganed hwy, fe'u concrwyd gan ei benderfyniad cadarn, di-ildio, ac yn y diwedd gallai ogoneddu yn ei goncwest.

Fel y dywedais eisoes, cyfieithiadau o'r Wyddeleg yw'r storïau yn *Plays, Stories, Poems*. Pearse a Pádraic Ó'Conaire oedd y cyntaf i gymryd y stori fer Wyddeleg o ddifrif fel ffurf ar gelfyddyd. Mae'r deg stori a geir yma yn nodedig am eu cynnwys a chynildeb eu harddull. Da fyddai cael y storïau i gyd yn Gymraeg. Ni chyfeiriaf ond at ddwy ohonynt, sef *Y Fam* (*An Mháthair*) ac *An Dearg-Daol*.

Y mae *Y Fam* yn llawn tosturi. Mair Forwyn yw'r Fam ac y mae hi, a'r Plentyn Iesu wrth ei bron, yn ymweld â chartref Máire, gwraig ddi-blant, y noson cyn y Nadolig. Mae'r wraig yn ymbil ar i'r Forwyn ganiatáu iddi fod yn ffrwythlon a chael plant. Mae'r Plentyn Iesu yn estyn Ei ddwylo bychain ati ac yn eu gosod ar ruddiau'r wraig. 'Fe wna'r fendith hon di'n ffrwythlon', ebe'r Forwyn. Gorffen y stori fel hyn:

'Mae blwyddyn wedi mynd heibio er y noson honno cyn y Nadolig. Y tro diwethaf i mi fynd heibio i dŷ Máire, roedd plentyn wrth ei bron . . . Mae Duw yn caru'r gwragedd yn well na'r dynion. Iddynt hwy y mae'n danfon y gofidiau mwyaf ac arnynt hwy y mae'n tywallt y fendith fwyaf'.

Tosturi sydd yn *An Dearg-Daol* hefyd—a chosbi am ddangos tosturi! Dywedir mai *'black chafer'*—'y mwyaf melltigedig o bob creadur', yw'r *dearg-daol*. Hanes gwraig a melltith arni sydd yma—'offeiriad Duw' wedi rhoi melltith arni am drosedd na ŵyr neb beth ydyw. Nid oes neb i gyfathrachu â hi nac i ymwneud â hi mewn unrhyw ffordd. Mae'n byw ar ei phen ei hun ar y mynydd ond un diwrnod mae'n achub plentyn rhag boddi mewn pwll. Mae'r rhieni yn ddiolchgar i'r *dearg-daol* ac y mae'r plentyn yn dechrau ymweld â hi. Canlyniad hynny yw dihoeni a marw'r plentyn. Daw'r *dearg-daol* i lawr o'r mynydd ddiwrnod yr angladd ond gyrrir hi'n ddicllon i ffwrdd ac ymlusga'n ôl i'w chaban. Mae calonnau rhieni'r plentyn yn gwaedu drosti ac â'r tad i'w gweld. Ni chaiff ateb pan gura wrth y drws; â i mewn a darganfod y *dearg-daol* yn farw ar ei gwely. Am iddo yntau dosturio wrth wraig â melltith arni, daw gofidiau ac anlwc o bob math arno. Mae ei wraig yn marw ar enedigaeth plentyn, mae clefyd yn disgyn ar ei wartheg, ac yn y gaeaf caiff ei droi allan o'i dyddyn—i grwydro ffyrdd

Connacht ac i adrodd ei stori drist wrth y neb a glyw. Allan o'r deunydd hwn y ffurfiodd Pearse un o'i storiau perffeithiaf—stori sy'n deilwng o fod mewn unrhyw gasgliad o storïau byrion.

Mae i'r gyfrol *Political Writings and Speeches* bwysigrwydd hanesyddol ond y maent yn llenyddiaeth hefyd. Yn y gyfrol hon ceir *The Murder Machine* eto ac ail-gyhoeddir hefyd amryw erthyglau sy'n nodweddiadol o Pearse ar ei orau. Yr erthygl olaf yw *The Sovereign People* (Mawrth 31, 1916). Ceir ynddi areithiau godidog gan gynnwys yr araith danbaid a draddododd Pearse wrth fedd O'Donovan Rossa yn Awst 1915.

Fel bardd, er mai yn yr Wyddeleg yr ysgrifennai fel rheol, y mae rhai o gerddi gorau Pearse yn Saesneg, sef *The Fool, The Rebel, The Mother* a *The Wayfarer*. Ysgrifennwyd y gerdd olaf hon yn ei gell yng ngharchar Kilmainham ddiwrnod neu ddau cyn ei saethu, Mai 3, 1916. Cyfieithodd T. Gwynn Jones un o'r cerddi ac y mae'r trosiad wedi dal ysbryd y gerdd wreiddiol yn fendigedig.

Dyma'r gerdd yn Gymraeg.

Y DYNGED

Lendid pob glendid,
   yn noeth y'th welais di,
a chau fy llygaid
   rhag ofn a wneuthum i

Enaid peroriaeth,
   dy gân a glywais i,
a chau fy nghlustiau
   rhag ofn wrth ei chlywed hi.

Felys pob melys,
   profais dy wefus di;
caledodd fy nghalon
   rhag ofn fy nhynged i.

Llygaid a chlustiau
   unwedd y caeais hwy,
caledais fy nghalon,
   llethais fy hiraeth, mwy.

Fy nghefn a droais
   ar fy mreuddwyd gynt,
o'm blaen y syllais
   ar yr union hynt.

Gosod fy ngolwg
   ar yr yrfa draw,
y gwaith a welwn,
   ac yntau'r angau a ddaw.

Gan mor enwog yw'r gerdd olaf i'w fam a chan ei bod yn enghraifft mor dda o ddawn Pearse, rhoddaf honno hefyd:

THE MOTHER

I do not grudge them, Lord, I do not grudge
My two strong sons that I have seen go out
To break their strength and die, they and a few,
In bloody protest for a glorious thing,
They shall be spoken of among their people,
The generations shall remember them,
And call them blessed,
But I will speak their names to my own heart
In the long nights,
The little names that were familiar once
Round my dead hearth,
Lord, thou art hard on mothers:
We suffer in their coming and their going;
And though I grudge them not, I weary, weary
Of the long sorrow—And yet I have my joy:
My sons were faithful, and they fought.

Cyfeiriais eisoes at yr hyn a ddywedodd Louis Le Roux, na byddai'n syn ganddo pe bai Pearse ryw ddiwrnod yn cael ei ganoneiddio. Pan oeddwn yn ymweld â'r eglwys gadeiriol newydd yn Galway, sylwais fod llun Pearse mewn brith-waith hyfryd o gerrig mân wrth ochr yr allor yn un o gapeli hardd yr eglwys. Dyma deyrnged iddo y byddai Pearse wedi'i gwerthfawrogi ond byddai wedi gwerthfawrogi'n fwy pe bai Iwerddon wedi bod yn ffyddlon i'r Wyddeleg. Gwn i'w chwaer fod o'r farn bod Iwerddon wedi brad-ychu'r delfrydau y bu ei brodyr a'r lleill farw drostynt.

Pennod XI

TERENCE MacSWINEY

Ym mis Hydref 1920, bu farw yng ngharchar Brixton, Lloegr, un o arwyr enwog Iwerddon, gŵr yr enillodd ei ddioddefaint a'i ddewrder sylw a chydymdeimlad byd-eang. Edmygwyd ei ysbryd di-ildio gan bobl llawer gwlad. Heriodd holl rym trahaus yr Ymerodraeth Brydeinig a thrwy ei farw gwnaeth lawer i sicrhau rhyddid i'w genedl.

Terence MacSwiney, Arglwydd Faer Corc, Iwerddon, oedd ef ac yn oriau mân y bore, Hydref 25, 1920 bu farw ar ôl bod heb fwyd am 74 o ddyddiau arteithiol. Ychydig fis-oedd cyn hynny, llofruddiwyd Tomás MacCurtain, ei rag-flaenydd fel Arglwydd Faer Corc, gan blismyn o Saeson—am ei fod yntau'n brwydro'n gadarn dros ryddid i Iwerddon. Perchid MacCurtain hyd yn oed gan ei elynion am ei allu a chywirdeb ei fuchedd a'i gyfeillgarwch, ond er hynny tua 1.30 y bore, Mawrth 20, deffrowyd ef a'i wraig gan ddynion â'u hwynebau wedi'u duo, yn curo ar y drws. Aeth Mrs. MacCurtain, yr Arglwydd Faeres, i lawr i agor y drws. Cydiwyd ynddi gan rai o'r dynion a rhuthrodd eraill i fyny'r grisiau i'r llofft a phan oedd Tomás MacCurtain yn dod allan o'i ystafell wely fe'i saethwyd yn farw. Yna, wedi cyflawni eu hanfadwaith, rhuthrodd ei lofruddwyr o'r tŷ.

Yn yr amgylchiadau erchyll hynny y daeth Terence MacSwiney yn Arglwydd Faer un o brif ddinasoedd Iwerddon. Ymgymerodd nid yn unig â'i ddyletswyddau fel Prif Ddinesydd Corc ond dilynodd ei ragflaenydd fel arweinydd brigâd Corc o'r fyddin weriniaethol. Ar Awst 12, restiwyd MacSwiney a chyhuddwyd ef o gael yn ei fedd-iant bapurau 'a oedd yn debyg o greu annheyrngarwch i'w Fawrhydi'. Copi oedd un papur o'r anerchiad a wnaeth yr Arglwydd Faer fel olynydd i'r Arglwydd Faer MacCurtain; dogfen arall oedd y penderfyniad a basiwyd gan Gorffor-aeth Corc yn cydnabod awdurdod Dáil Éireann ac yn addo teyrngarwch iddi hi, yr unig senedd a gydnabyddid gan-ddynt hwy. Penderfynodd swyddogion y Fyddin Brydeinig gynnal llys-milwrol, Awst 16, i glywed yr achos yn erbyn yr Arglwydd Faer. Oddi ar ei arestiad ar y 12fed nid oedd Mac-swiney wedi bwyta dim bwyd. Pan ddygwyd ef o flaen y llys dywedodd ar unwaith na allai fel dinesydd o Weriniaeth Iwerddon gydnabod y llys-milwrol Prydeinig a phrotest-iodd hefyd yn erbyn torri ac anwybyddu ei hawliau cyfreithiol ef ei hun fel Prif Ddinesydd a Phrif Ynad dinas Corc. Gwrthododd gydnabod y llys mewn unrhyw ddull na modd. Pan orffennwyd yr achos yn ei erbyn ni ofynnodd am drugaredd a dywedodd: 'Rwy'n dymuno dweud y rhoddaf derfyn ar unrhyw derm o garchariad a ddedfrydir gennych . . . Nid wyf wedi cymryd dim bwyd oddi ar ddydd Iau ac felly byddaf yn rhydd ym mhen mis'. Pan ofynnwyd iddo gan Lywydd y Llys a oedd hyn yn golygu na chymerai fwyd pe dedfrydid ef i garchar, ei ateb oedd 'Rwyf wedi penderfynu amodau fy nghaethiwed pa beth bynnag a wna eich Llywodraeth chwi. Byddaf yn rhydd, yn fyw neu'n farw ym mhen mis'. Yna dedfrydwyd ef i ddwy flynedd o garchar.

Yn gynnar fore trannoeth dodwyd ef ar fwrdd un o longau'r Llynges Brydeinig a chroeswyd y môr i Ddoc Penfro. Dodwyd ef ar drên ar unwaith ac am bedwar o'r gloch y bore, Awst 18, pumed dydd ei ymprydio, tros-glwyddwyd ef i garchar Brixton, Llundain. Roedd ei gyflwr mor wael fel y penderfynwyd gan y meddygon nad oedd yn bosibl gorfodi bwyd arno. Gwrthododd gymryd mymryn o fwyd. Ar ôl rhai dyddiau o boenau ofnadwy, teimlai am ychydig ddyddiau dipyn yn well, ond dychwelyd a wnaeth y poenau enbyd.

Mae'n debyg fod Llywodraeth Llundain yn gobeithio y byddai wedi ildio neu wedi marw ym mhen rhyw dair wythnos. Ond nid felly y bu. Nid oedd ar neb fwy o eisiau byw nag ef. Roedd yn 40 oed a chanddo wraig ac un ferch fach ac awydd angerddol i wasanaethu ei genedl. Gwyddai, er hynny, nad oedd ganddo ond un arf bellach y gallai ei defnyddio a'i ympryd ef ei hun oedd honno. Ceisiai ei elynion ei berswadio i gymryd bwyd ond gwyddai fod cyfiawnder o'i du ef a byddai cymryd bwyd yn bradychu ei egwyddorion ac yn rhoi buddugoliaeth i elynion ei wlad.

Fel yr âi dydd ar ôl dydd ymlaen aeth ei gyflwr a'i wendid yn echrydus. Nid oedd bellach ond ysgerbwd byw. Gweddïai'n ddi-baid am nerth i beidio ag ildio. Roedd offeiriad pabyddol wrth ei ochr yn barhaus a châi aelodau o'i deulu ei weld. Ym mhen amser caniatawyd cynnal offeren yn ei gell unwaith yr wythnos. Clywyd ei lais gwannaidd yn sibrwd yn isel am y cymorth yr oedd ei grefydd iddo. Soniai gydag edmygedd mawr am Tomás (MacCurtain) ac am Eoghan Roe O'Neill ac am y cyfuniad gwych ynddynt o'r milwr a'r Catholig. Wrth ymgomio â'r offeiriad amdanynt hwy daeth i wybod am Drydedd Radd Urdd Sant Ffransis yr oedd y ddau, MacCurtain ac O'Neill, yn aelodau ohoni. Gradd seciwlar yw hon a gellir derbyn iddi wŷr a gwragedd sy'n byw 'yn y byd' os ydynt yn hynod am eu ffyddlondeb i'r Ffydd Gatholig. Pan glywodd MacSwiney fod Jeanne D'Arc yn aelod o'r Drydedd Radd hon a'i bod hi wedi brwydro yn erbyn yr un gelyn ac am yr un rheswm, sylweddolodd mai ei brwydr hi oedd ei frwydr ef hefyd a gofynnodd a gâi ef ei dderbyn i'r radd fel y byddai pedwar ohonynt—MacCurtain, Eoghan Roe, Jeanne D'Arc ac yntau i ymladd yn erbyn gormes y Sais. Caniatawyd iddo ei ddymuniad a phan glywodd fod Eoghan Roe wedi'i gladdu yn abid garw, brown, y Drydedd Radd dywedodd yr hoffai ef hefyd, os oedd yn bosibl, gael ei gladdu â'r abid brown o dan ei wisg filwrol.

Fel yr âi ei ddioddefaint yn waeth bob dydd yr oedd yn aml yn anymwybodol ond pan *oedd* yn ymwybodol gwrthod a wnâi bob perswâd i gymryd bwyd. Rhoddwyd ef mewn ward ysbyty yn y cárchar ond nid ildiodd. Erbyn hyn roedd ei arteithiau wedi tynnu sylw'r byd a daeth gohebwyr i Lundain o lawer o wledydd i roi'r hanes diweddaraf amdano i'w papurau. Daeth gohebwyr o Sbaen, Ffrainc, Yr Eidal, Y Swisdir, Yr Almaen, Denmarc, Norwy, Sweden, Yr Unol Daleithiau, Canada, Mecsico, Brasil, Ariannin, Awstralia, Seland Newydd, Siapan, Tseina, Bwrma, India, Affganistan, yr Aifft, a Deheudir Affrica. Roedd hyn, wrth gwrs, yn 'dân ar groen' y Llywodraeth yn Llundain ac yn peri penbleth a thrafferth. Ofnent yr anghymeradwyaeth a'r adwaith yn eu herbyn, yn yr Unol Daleithiau yn arbennig.

Gweddïai esgobion ac archesgobion dros y truan a rhoi eu bendith arno, a danfonodd y Pab ei hun ei fendith a maddeuant cyflawn iddo. Ond nid oedd y Llywodraeth yn fodlon ei ryddhau—y Llywodraeth a fu mor uchel ei chloch dros amddiffyn gwlad fach Belg. Roedd yn iawn i aberthu miliynau o fywydau i geisio achub gwlad Belg, ond yn eu barn hwy, ffolineb a rhyfyg oedd marw dros ryddid i Iwerddon. A gadawyd i Terence MacSwiney, yr ysgolhaig llednais, y llenor, a'r gwladgarwr pur ddioddef ei hir Galfaria.

Ni ddaeth y diwedd, fel y dywedais eisoes, hyd yn gynnar ar Hydref 25. Bu farw ar y pymthegfed dydd a thrigain o'i ympryd. Cafwyd caniatâd i fynd â'i gorff—ac abid Urdd Sant Ffransis amdano yn ôl ei ddymuniad—i Eglwys Gadeiriol Babyddol Southwark gan fod yr Eglwys Babyddol nesaf at y carchar yn rhy fach i ddal y torfeydd a fynnai dalu teyrnged iddo. Derbyniwyd y corff i'r Brifeglwys gan Archesgob

Mannix (o Melbourne) ac esgobion eraill a llawer o offeiriaid. Yn ystod y nos, hyd un ar ddeg o'r gloch, a'r bore trannoeth, cyn yr Offeren dros y Meirw, aeth 30,000—Gwyddyl Llundain, lawer ohonynt—heibio i'r arch a syllu drwy banel o wydr yn y caead ar wyneb curiedig y merthyr. Yn ystod y nos hefyd, ar ôl cau'r drysau, dodwyd siaced Arweinydd y Gwirfoddolwyr Gwyddelig dros yr abid brown. Gwasanaethwyd yn yr Offeren gan ddau archesgob a dau esgob ac ar ôl y gwasanaeth cerddodd o leiaf 10,000 o bobl yn yr orymdaith angladdol i orsaf Euston. Diddorol yw nodi bod band o bibyddion yn yr orymdaith ac ymunodd cannoedd o offeiriaid â hi, a bu rhai Gwirfoddolwyr yn ddigon dewr i gerdded gyda hwy. Ac yn y strydoedd roedd distawrwydd y torfeydd yn dyst i gydymdeimlad ac edmygedd—a chwilfrydedd—llawer o bobl gyffredin Llundain.

Bwriedid mynd â'r corff i Ddulyn yn gyntaf cyn ei ddwyn i Gorc ond ni chaniatawyd hynny er, neu oherwydd, bod pob math o drefniadau wedi'u gwneud yn Nulyn. Wedi cyrraedd Caergybi, gafaelwyd yn yr arch gan y 'Black and Tans', dodwyd hi ar long yn perthyn i Lywodraeth Lloegr a hwyliwyd yn unionsyth i Gorc. Fel y gadawai'r llong Gaergybi gallai gwylwyr weld rhai o filwyr Lloegr, megis i ddangos eu dirmyg, yn eistedd ar yr arch, gan ysmygu a chwarae cardiau.

Un wythnos ar ddeg ynghynt cipiwyd Terence MacSwiney o Gorc yn ddigon diseremoni. Pwy fyddai'n meddwl y byddai'n rhaid wrth osgordd arfog i'w ddwyn yn ôl gan fod yr awdurdodau Prydeinig erbyn hyn yn ofni hyd yn oed ei gorff marw. Wedi cyrraedd Corc dodwyd y corff i orffwys dros nos yn Neuadd y Ddinas a daeth torfeydd—bron na ellid dweud dinas Corc i gyd—i edrych arno a thalu eu teyrnged. Y tu allan i Neuadd y Ddinas safent yn rhes hir filltir o hyd yn aros eu tro i fynd heibio. Drannoeth, y Sul, dygwyd ef i'r Eglwys Gadeiriol. Talwyd iddo bob gwrogaeth bosibl. Yn yr Offeren dros y Meirw, gwasanaethwyd gan archesgobion ac esgobion ac yr oedd cynrychiolwyr rhai o brif ddinasoedd Iwerddon yn bresennol. Roedd ei loesau wedi taro ergyd dros ryddid Iwerddon nas anghofir byth.

A ddioddefws a orfu. Gwn na byddai dim wedi rhoi mwy o foddhad i MacSwiney na bod prifardd ifanc o Gymro, ym mhen dros hanner can mlynedd ar ôl ei farw wedi cyfansoddi englynion amdano. Dyma ddau englyn gan Alan Llwyd:

MacSwiney ac Iwerddon

i

Ai casineb, MacSwiney,—neu wenwyn
   A'th newynodd drosti?
D'edwiniad fu'i dadeni,
Dy newyn ei newyn hi.

ii

Balchder ystyfnig Erin—yn ei wedd,
   Mwyneiddiwch anhydrin;
Dur ei ffydd, warchodwr ffin,
Y dur yng ngwaed y werin.

Priodol i ni yng Nghymru yw cofio ei aberth a phriodol hefyd yw croniclo tipyn o'i hanes a'i yrfa cyn iddo, drwy ei farw, ddod yn fyd enwog.

Pwy oedd y Terence MacSwiney hwn? Ganed ef ym 1879 yng Nghorc yn un o deulu lluosog John a Mary MacSwiney. Buasai ei dad yn Rhufain ac ar ei ffordd adre ym 1870, mae'n debyg iddo gael swydd fel athro yn Llundain. Ym mhen blwyddyn roedd wedi priodi athrawes ac yn parhau i fyw yn Llundain lle ganed eu tri phlentyn hynaf. Ar anogaeth chwaer i John MacSwiney symudodd y teulu yn ôl i Gorc lle ganwyd chwe phlentyn arall. Gyda brawd-yng-nghyfraith ceisiodd sefydlu ffatri dybaco ond methiant fu'r fenter, gyda'r canlyniad i'r teulu ddioddef tlodi mawr.

Roedd gan y tad berthnasau yn Awstralia ac yno yr aeth ym 1885 i geisio gwell iechyd ac i gael gwaith. Aflwyddiannus fu pob ymgais i gael swydd foddhaol. Gwaethygu wnaeth ei iechyd a bu farw ym Melbourne. Syrthiodd y baich o godi'r teulu, yn Iwerddon, ar y fam a dangosodd hi fod ganddi gymeriad cryf, arwrol. Mawr fu ei dylanwad ar ei mab Terence. Ymdrechodd yn galed i feithrin yn ei phlant gariad at ddysg a llenyddiaeth. Dysgodd hwy hefyd i wneud eu crefydd yn sylfaen i'w bywydau.

Addysgwyd Terence MacSwiney gan y Brodyr Crist-nogol yng Nghorc ond pan oedd yn bymtheg oed bu'n rhaid iddo adael yr ysgol a chwilio am waith er mwyn helpu i gadw'r teulu. Cafodd waith mewn swyddfa lle'r hyffordd-wyd ef yn gyfrifydd. Bu yno am ddwy flynedd ar bymtheg. Yn ogystal â'i waith yn y swyddfa bu'n rhoi gwersi am ychydig oriau bob wythnos ar astudiaethau masnachol. Apwyntiwyd ef yn awr yn Drefnydd ac Athro Astudiaethau Masnachol o dan Gyngor Sir Swydd Corc ac arhosodd yn y swyddfa hon hyd 1915. Ni freuddwydiodd neb fod potensial gwrthryfelwr cadarn yn y dyn tawel, dwys, hwn ac y rhoddai ei fywyd dros ei genedl. Roedd ef ei hunan wedi syl-weddoli bod ynddo swildod eithafol. Sylweddolodd hefyd y byddai mwy o addysg yn ei gymhwyso i gymryd rhan flaen-llaw yn y frwydr dros ryddid i Iwerddon a phenderfynodd fod angen gradd prifysgol arno. Roedd yn bosibl cael gradd ''allanol'' gan y Brifysgol Frenhinol yn Nulyn a phender-fynodd MacSwiney mai'r hyn yr oedd arno ei eisiau oedd gradd anrhydedd mewn athroniaeth. Dechreuodd weithio am y ''matric'' a bu'n llwyddiannus. Gwnaeth astudio wahaniaeth mawr i'w fywyd. Roedd yn rhaid ymwadu â'i ffordd arferol o fyw ac encilio i ganolbwyntio ar ei lyfrau. Ni soniodd am ei gynlluniau wrth neb, ddim hyd yn oed wrth ei ffrindiau agosaf ac yn aml cam-ddehonglwyd ei dawelwch a'i enciliad. Fe'i cysurai ei hun y deuai'r gwirionedd i'r amlwg ryw ddydd ac y deëllid ei gymhellion.

Dechreuodd ysgrifennu erthyglau i'r papurau cenedlaethol a pharhaodd i wneud hynny. Cyhoeddwyd rhai o'r rhain (ar ôl ei farw) yn llyfr dan y teitl *Principles of Freedom*. Dechreuodd gael blas ar lenydda. Ysgrifennai farddoniaeth yn ogystal â rhyddiaith ac efallai mai dyma'r lle gorau i roi rhestr o'i weithiau llenyddol. Ym 1907 cyhoeddwyd ei lyfr cyntaf *Music of Freedom*—cerdd hir yr hyderai'r awdur a fyddai'n ennyn yn eraill ei ddyhead ef am ryddid i Iwerddon. Yn y flwyddyn hon hefyd yr enillodd ei radd B.A. a bu'r straen arno dipyn yn llai wedyn. Ym 1912, cyhoeddwyd ei *Ethics of Revolt* ac ym 1914 cyhoeddodd ddrama bum act—*The Revolutionist*—ei waith llenyddol gorau. Yn yr un flwyddyn, ef, am gyfnod, a fu'n ysgrifennu'r papur wythnosol *Fianna Fail* bron i gyd. Ym 1915 ysgrifennodd bamffled ar O'Donovan Rossa a gyhoeddwyd gan Bwyllgor O'Donovan Rossa yn Nulyn. Ym 1918 cawn gyfrol o gerddi, *Battle Cries,* ac ym 1920 ysgrifennodd ragymadrodd Gwyddeleg i hunangofiant Gwyddeleg gan y teiliwr Tadhg Ó Murchadha, a bron chwarter canrif ar ôl ei farw cyhoeddwyd casgliad arall o'i gerddi, *Despite Fools' Laughter.* Ysgrifennodd ddramâu un-act a pherfformiwyd hwy er na chawsant eu cyhoeddi. Nid oedd MacSwiney cystal bardd ag y tybiai ef ei fod; roedd ei gerddi yn rhy wasgaredig a haniaethol ac ynddynt ormod o duedd i ail-adrodd; ac efallai oherwydd eu beirniadu, bu iddo bron â rhoi'r gorau i ysgrifennu barddoniaeth. Ar un adeg meddyliai mai gwaith ei fywyd oedd ysgrifennu llyfrau—er mwyn Iwerddon, ac ar ôl cael ei radd ymdaflodd yn eiddgar i'r gwaith o ysgrifennu. Rhyddid i Iwerddon oedd thema ei waith bob amser ac iddo ef golygai rhyddid *ryddid*—a dim arall. Roedd bob amser yn credu mewn annibyniaeth lwyr i Iwerddon.

Roedd yn aelod o Gynghrair yr Wyddeleg ac, yn ddi-os, dyma un o'r pethau pwysicaf yn ei fywyd. Pan sefydlwyd y Gwirfoddolwyr Gwyddelig, fel ateb i Wirfoddolwyr Carson yn Wleth (Ulster), roedd aelodau'r Cynghrair ar y blaen. Ar hyd ei fywyd bu'n deyrngar bob amser i ddelfrydau'r Cynghrair, a daeth MacSwiney, y llenor a'r ysgolhaig, yn filwr ac yn arweinydd hefyd i'r Gwirfoddolwyr. Roedd un gymdeithas, ar un adeg, a gâi fwy o sylw ganddo na nemor ddim arall sef y Gymdeithas Lenyddol Geltaidd. Roedd gan y gymdeithas hon siwrnal mewn llawysgrif ac y mae'n debyg mai MacSwiney a ysgrifennodd bron y cyfan ohono. Yn y dyddiau cyn y Rhyfel Mawr cymerai pedair cymdeithas lawer o'i amser—Cynghrair yr Wyddeleg, y Gymdeithas Lenyddol Geltaidd, y Ffeniaid a Chymdeithas Ddrama Corc. Nid oedd byth yn segur ac ni ellid dweud bod ganddo unrhyw hobi. Rhoddai ei holl fywyd i'r cymdeithasau ac i'r paratoi i ymladd dros Iwerddon pan ddeuai'r alwad a'r cyfle.

Ffurfiwyd Gwirfoddwyr Corc yn Rhagfyr 1913, bythefnos ar ôl ffurfio brigâd Dulyn ac yr oedd Terence MacSwiney a Tomás MacCurtain ymhlith y rhai a ffurfiodd fataliwn Corc. Ymdaflodd MacSwiney i waith y mudiad gyda'r fath angerdd fel y gorchfygwyd pob math o anawsterau a denodd lawer o ddynion i ymuno â'r rhengoedd. Teimlent yn reddfol nad rhyw chwiw dros dro oedd yn ei gymell ond ymgysegriad llwyr. Am y tro cyntaf yn ei fywyd gwelwyd MacSwiney yn ei lawn dwf, a rhwystredigaethau hir y blynyddoedd wedi diflannu. Er hynny, pan ddaeth y Rhyfel yn Awst 1914 rhwygwyd mudiad y Gwirfoddolwyr. Llwyddodd John Redmond i gael mwyafrif y Gwirfoddolwyr Gwyddelig i fod yn Wirfoddolwyr 'Cenedlaethol', sef Gwirfoddolwyr Prydeinig. Cefnogi'r rhyfel yn frwdfrydig a wnaent. I MacSwiney roedd hyn yn ynfydrwydd. Roedd ymuno i gynorthwyo'r Ymerodraeth yn lle ei rhwystro yn frad yn ei olwg ef. Allan o ddwy fil o Wirfoddolwyr Gwyddelig yng Nghorc, dim ond rhyw hanner cant a wrthododd ddilyn Redmond, a swyddogion oeddynt bron i gyd. Penodwyd MacCurtain yn arweinydd y gweddill ffyddlon hwn gyda MacSwiney yn ail iddo. Roedd yn rhaid ail ddechrau ffurfio mudiad o Wirfoddolwyr Gwyddelig a thrwy waith caled llwyddwyd i wneud hynny.

Ym mhen rhai misoedd galluogwyd MacSwiney i roi ei holl amser i'r Gwirfoddolwyr. Penodwyd ef gan Bwyllgor Gwaith y Gwirfoddolwyr Gwyddelig yn Nulyn yn drefnydd llawn amser i'r mudiad yn Swydd Corc. Bychan oedd ei gyflog ond derbyniodd y swydd gyda'r llawenydd mwyaf. Diolch i'w ymdrechion ef, erbyn 1916, roedd Gwirfoddolwyr Swydd Corc gyda'r goreuon yn yr holl wlad ond pan ddaeth gwrthryfel y Pasg ym 1916 methiant fu'r ymgyrch yng Nghorc. Oherwydd cam-ddehongli yr hyn oedd yn digwydd yn Nulyn a'r ffaith na chafwyd y gorchmynion a ddisgwylid, dryswch ac anhrefn a fu yng Nghorc. Nid dyma'r lle i roi hanes y gwrthryfel, ond ar ôl y gwrthryfel a dienyddiad yr arweinwyr yn Nulyn, i mewn ac allan o garchar oedd hanes MacSwiney. Alltudiwyd ef am gyfnod i Loegr ac yn alltud yn Lloegr y priodwyd ef â merch o Gorc. Bu am amser byr yn garcharor yng Nghymru—yn y Frongoch, Meirionnydd. Yng ngharchar Belfast yr oedd pan anwyd ei unig blentyn. Pan nad oedd yng ngharchar rhuthrai o le i le. Ni fentrai gysgu gartref ond yn anaml iawn; anaml yr arhosai fwy na thair noson mewn unrhyw dŷ.

Yn yr Etholiad Cyffredinol yn Rhagfyr 1918 etholwyd Terence MacSwiney yn ddiwrthwynebiad yn Aelod Seneddol Sinn Féin dros ganol Corc. Cafodd plaid Sinn Féin fuddugoliaeth fawr gan iddi ennill 73 allan o 105 o seddau. Roedd 36 o'r rhai a etholwyd yng ngharchar, ac yn eu plith MacSwiney. Gwrthod mynd i'r senedd yn Llundain a wnaeth aelodau Sinn Féin. Yn Ionawr 1919 cyfarfu'r aelodau yn Nulyn a gwnaethant ddatganiad mai hwy oedd senedd Gweriniaeth Iwerddon, a sefydlwyd Dáil Éireann ganddynt. Cafwyd cyfarfod cyntaf y Dáil, cyfarfod o'r aelodau nad oeddynt yng ngharchar, yn Nulyn Ionawr 12, 1919. Yn Ionawr 1920 cynhaliwyd etholiadau bwrdeistrefol yn Iwerddon. Gobeithiai Lloyd George y byddai'r etholiadau yn dangos bod pobl Iwerddon yn dechrau ildio yn eu safiad o dan y driniaeth ofnadwy a gaent. Canlyniad yr etholiadau oedd mai cyngor Belfast oedd yr unig gyngor yn Iwerddon nad oedd yn gyngor Gweriniaethol. Yng Nghorc, etholwyd Tomás MacCurtain yn Arglwydd Faer ac, yn dyngedfennol, etholwyd Terence MacSwiney yn ddirprwy Arglwydd Faer i gymryd ei le pe digwyddai rhywbeth i'r Arglwydd Faer. Ycyhydig a feddylid ar y pryd y byddai MacCurtain wedi'i lofruddio a MacSwiney yntau wedi rhoi ei fywyd dros Iwerddon cyn diwedd y flwyddyn. Fel y gwelsom gwnaeth ei hunan-aberth MacSwiney yn arwr ac yn ferthyr cenedlaethol.

Roedd ganddo ddiddordeb mawr yn yr Wyddeleg ac y mae'r hyn a wnaeth ynglŷn â'r iaith yn haeddu sylw. Er mai'r Wyddeleg oedd iaith gyntaf tad Terence MacSwiney ni ddysgodd yr iaith i'w blant ac felly mewn cartref Saesneg y codwyd hwy. Er hynny roedd gan y tad chwaer a roddodd dipyn o help i'w nai i ddysgu'r iaith. Penderfynodd Mac-Swiney yn gynnar yn ei fywyd y mynnai feistroli'r Wyddeleg ac y byddai'n gallu ei siarad yn rhugl a'i hysgrifennu'n gywir. Breuddwydiai am y dydd y byddai Iwerddon oll eto yn Wyddeleg ei hiaith. I raddau helaeth dysgodd yr iaith ar ei ben ei hun. Âi i'w ystafell ac yn ei astudiaethau bob nos rhoddai, fel rheol, y lle cyntaf i'r Wyddeleg. Ni châi unrhyw bwnc wneud iddo esgeuluso'r iaith. Nid oedd y gwaith yn hawdd iddo. Âi'n aml i Ballingeary lle'r oedd yr Wyddeleg yn iaith gyffredin y bobl a thrwy ei ymweliadau cyson daeth o'r diwedd i siarad yr iaith cystal â hwy. Drwy ddyfalbarhad llwyddodd i ddysgu'r Wyddeleg yn dda. Daeth yn rhyfeddol o rugl. Yn wir, gellir dweud amdano ei fod wedi meddwi ar yr iaith. Nid oedd ganddo ddim cydymdeimlad â'r rhai a honnai eu bod yn dymuno adferiad yr Wyddeleg ond na wnaent unrhyw ymgais eu hunain i'w dysgu. Credai y dylai pob aelod o Gynghrair yr Wyddeleg roddi o leiaf un awr y dydd i astudio'r iaith. Sylweddolodd y byddai dwy genedl yn Iwerddon oni ellid troi'r wlad yn Wyddeleg ei hiaith. Ni siaradai Saesneg yn y rhannau hynny o'r wlad lle'r oedd y bobl yn gallu siarad Gwyddeleg.

Roedd MacCurtain hefyd yr un mor gadarn dros yr iaith ac yn y cyfnod byr pan oeddynt yn eu tro yn Arglwydd Feiri Corc bu'r ddau ohonynt yn ymweld â'r ysgolion i annog y plant i ddysgu Gwyddeleg. Mynnodd y ddau hefyd y dylid siarad Gwyddeleg ar bob achlysur posibl yng nghyfarfodydd cyngor y ddinas ac yn y pwyllgorau. Mae cofnod yng Nghofnodion Cyngor Corc sy'n dangos yn eglur beth oedd agwedd yr Arglwydd Faer MacSwiney. Pasiwyd yn unfrydol 'ar gynigiad y Gwir Anrhydeddus, yr Arglwydd Faer' y cyfyngid apwyntiadau clercyddol newydd i ymgeiswyr a oedd yn gallu siarad Gwyddeleg yn rhugl a'i hysgrifennu'n gywir. Ceisiwyd argraffu ar y rhieni a'r athrawon yr anghyfiawnder a wnaent â'r plant drwy beidio â dysgu Gwyddeleg yn drwyadl iddynt a phasiwyd hefyd fod copi o'r penderfyniad, wedi'i lofnodi gan yr Arglwydd Faer a chan Gadeirydd y Cyngor Sir, yn cael ei ddanfon at bob offeiriad plwyf yn Ninas ac yn Swydd Corc, yn gofyn iddynt ei ddarllen o flaen yr allor fel y gellid dwyn y mater i sylw'r rhieni yn y modd mwyaf difrifol posibl.

Pan oedd MacSwiney ar ei wely angau yng ngharchar Brixton danfonwyd neges ar ei ran, wythnos cyn ei farw, at gorfforaeth Corc yn deisyf ar y cynghorwyr i beidio byth â phenodi Arglwydd Faer na allai siarad Gwyddeleg a defnyddio Gwyddeleg yn ei waith cyhoeddus. Ychydig ddyddiau cyn hynny roedd wedi danfon neges i'r un perwyl at ei etholwyr yng Nghanol Corc. Pan fu farw Terence MacSwiney collodd Iwerddon un o'i heneidiau dethol, gwladgarwr a'i carai'n angerddol a chollodd diwylliant yr Wyddeleg un o'i brif gefnogwyr.

Pennod XII

PÁDRAIC Ó CONAIRE

Ar sgwâr eang ganolog dinas Galway y mae amryw gofebau. Yng nghanol y sgwâr y mae cofeb newydd i'r Arlywydd John F. Kennedy. Mae Galway yn falch iawn o'r cysylltiad rhyngddi a'r Arlywydd, a'i gofeb ef a gaiff y lle mwyaf amlwg. Ond os Americanwr o dras Wyddelig a gaiff y lle mwyaf anrhydeddus, nid anghofiwyd y rhyfeddaf, ar lawer cyfrif, o feibion Galway, sef Pádraic Ó Conaire. Ac ar y sgwâr hefyd mae cofeb iddo yntau, y llenor y rhoes ei storïau a'i ysgrifau fri newydd ac arbennig ar yr Wyddeleg—ac yn yr Wyddeleg yn unig yr ysgrifennai.

Nid wyf yn credu bod copïau o'i waith yn hawdd eu cael heddiw yng Nghymru mewn unrhyw iaith, ond rhyw ddeugain mlynedd yn ôl, cyhoeddwyd gan Mr. Myrddin Lloyd a Tomás Ó Cléirigh gyfieithiad i'r Gymraeg o rai o'r storïau, a chwarter canrif yn ôl cyhoeddwyd *Storïau ac Ysgrifau Pádraic Ó Conaire* gan yr Athro J. E. Caerwyn Williams. Tybiwn, gan fod Ó Conaire yn ffigur mor bwysig yn llenyddiaeth Wyddeleg y ganrif hon, y byddai'n hawdd dod o hyd i'w waith ond nid felly y bu. Yr wyf yn ddyledus iawn felly i Mr. Myrddin Lloyd ac i'r Athro Caerwyn Williams—a dymunaf ddiolch yn gynnes iddynt—am eu caniatâd caredig i ddefnyddio'u llyfrau hwy. Mawr yw fy nyled hefyd i Mr Padraig ó Donnobhán, ac i'r Dr. Noëlle Davies, am gael i mi rai o lyfrau Ó Conaire o Iwerddon ac i'r Dr. Glyn Ashton a Mrs. Tina Charles gynt o Lyfrgell Salisbury Caerdydd.

Yn y gofeb ar sgwâr Galway ceisiodd y cerflunydd ddangos Ó Conaire fel yr oedd. Gwelwn ef yn eistedd wrth ochr ffordd ar bentwr o gerrig a llyfr neu bapurau ar ei arffed. Dyn bychan, byr, dynan o greadur mewn gwirionedd ydoedd—a barnu oddi wrth y cerflun—ond un gwydn, cydnerth er hynny. Pan welodd fy mhriod a minnau y cerflun rai blynyddoedd yn ôl, ychydig, wrth fynd heibio, a roddai sylw i'r dyn bach. Mae gennyf lun o ddadorchuddio'r cerflun ac ni ellir llai na sylwi bod Eamon de Valera ei hun yn bresennol ar yr achlysur hwnnw. Roedd ef, beth bynnag, yn ymwybodol o bwysigrwydd y dyn bach. Wrth syllu ar y cerflun ni allem beidio â theimlo mai un i dosturio wrtho oedd Pádraic Ó Conaire. Roedd rhyw olwg mor ddiymadferth arno, ac eto dangosir ef megis â rhyw wên gellweirus, ddwys-ddireidus, efallai, yn chwarae ar ei wefusau. Gwnaeth i 'mhriod feddwl am Waldo Williams! A chofiais innau am y tro yr aeth Waldo i 'helpu' cefnder i mi i gywain gwair. Collwyd golwg ar Waldo yn fuan ac ym mhen hir a hwyr daethpwyd o hyd iddo—ym môn clawdd yn ysgrifennu â phwt o bensil ar ddarn o bapur.

Bywyd anghyffredin a gafodd Ó Conaire. Fe'i ganed ym 1882 yn ninas Galway—y cyntaf o dri o fechgyn. Roedd y rhieni ar y pryd yn cadw dau dŷ tafarn a'u hamgylchiadau, i bob golwg, yn gyffyrddus. Ond daeth tro ar fyd. Ymfudodd y tad i'r Unol Daleithiau a bu farw—tua blwyddyn ar ôl geni'r trydydd mab. Erbyn bod Padraic yn un ar ddeg oed roedd y fam hefyd wedi marw. Derbyniwyd y bechgyn amddifad i gartref rhieni eu tad a chodwyd hwy gan eu hewyrth mewn lle bychan o'r enw Gairbh-Éanach, Rosmuc,—rai milltiroedd o Galway, allan yn y wlad, yn rhan orllewinol y sir heb fod ymhell o'r fan y mae bwthyn Padraig Pearse. Roedd mwy na digon o Saesneg i'w glywed yn Galway pan oedd fy mhriod a mi yno ac y mae'n bur debyg bod llawer o Saesneg yno hefyd pan oedd Pádraic Ó Conaire yn fachgen er bod hanner ei phoblogaeth yr adeg honno yn gwybod

Gwyddeleg—yr unig ddinas yn Iwerddon y gellid dweud hynny amdani. Mae'n bur sicr bod Pádraic yn deall os nad oedd yn gallu siarad Gwyddeleg pan oedd yn blentyn bychan yn Galway; ac yn Gairbh-Éanach Gwyddeleg oedd iaith gyffredin bob dydd pawb a phan oeddem ni yno pleser oedd clywed plant yn siarad Gwyddeleg â'i gilydd wrth chwarae. Cadw siop a wnâi ewyrth Pádraic Ó Conaire ac yr oedd yn *rhaid* iddo siarad Gwyddeleg â'i gwsmeriaid. Sut bynnag yr oedd hi arno yn Galway, Gwyddeleg oedd iaith gyntaf Pádraic yn Gairbh-Éanach ac enillodd feistrolaeth lwyr ar yr iaith. Yn hyn cafodd fantais aruthrol ar Padraig Pearse gan fod Pearse wedi gorfod dysgu Gwyddeleg o'r dechrau—fel ail iaith—o lyfrau ac mewn dosbarthiadau. Enillodd Ó Conaire fwy na gwybodaeth drylwyr o'r Wyddeleg; dysgodd lawer hefyd am y wlad, daeth i garu'r bywyd gwledig a dysgodd lawer am gyfrinachau natur. Rhaid ei fod yn ffodus yn ei ewyrth oherwydd ar ôl bod am rai blynyddoedd yn yr Ysgol Genedlaethol leol, lle'r anogwyd ef i beidio ag ymwneud gormod â phlant y tlodion, fe roddwyd iddo addysg yn rhai o ysgolion enwocaf Iwerddon. Dywedir iddo fod mor ffodus hefyd â chael yn un o'r athrawon ŵr a ymhyfrydai yn yr iaith Wyddeleg a'i llenyddiaeth. Roedd ei ddyddiau cynnar felly yn baratoad ardderchog i un a oedd i ddatblygu'n un o lenorion gorau'r Wyddeleg. Yn bymtheg oed penderfynodd fynd yn offeiriad ac aeth i Goleg Rockwell, Tipperary ac yna i Goleg Blackrock yn Nulyn. Er iddo barhau'n ddefosiynol ar hyd ei oes ni orffennodd ei gwrs o astudiaethau a rhoes heibio'r syniad o fod yn offeiriad.

Edrychai ar un adeg fel pe bai wedi'i golli i Iwerddon ac i'r Wyddeleg, oherwydd, pan oedd yn ddwy ar bymtheg oed, aeth Ó Conaire i Lundain a chael swydd yn y Gwasanaeth Sifil fel clerc distadl i'r Bwrdd Addysg—swydd, gallwn feddwl, a allai'n hawdd ladd unrhyw ddoniau neu dueddiadau llenyddol. Roedd hiraeth yr alltud yn gryf ar Pádraic ond darganfu lawer o Wyddyl eraill yn Llundain ac yr oedd

Cynghrair yr Wyddeleg wedi dechrau gweithio yno hefyd i geisio adfer yr iaith yn eu plith. Roedd dylanwad Douglas Hyde wedi treiddio ymhell, a ffurfiwyd llawer o ddosbarth-iadau Gwyddeleg yn Llundain. Mae'n amheus a fyddai Pádraic Ó Conaire wedi sylweddoli gogoniant yr Wyddeleg i'r fath raddau onibai am waith Douglas Hyde; ond ei ddarganfod a wnaeth, a bu hynny'n fodd i newid cwrs ei fywyd yn llwyr. Gan ei fod yn siaradwr Gwyddeleg naturiol a rhugl, roedd llawer o alw am ei wasanaeth fel athro a rhoes yntau lawer o'i amser rhydd i ddysgu'r iaith i alltudion ei wlad. Yr oedd, fel Waldo eto, yn gwmnïwr diddan ac yn gymeriad hoffus iawn. Roedd hefyd yn storïwr wrth reddf. Roedd dawn y cyfarwydd yn gryf ynddo. Nid oedd dim a'i plesiai'n fwy na chael gafael ar alltudion eraill. Gwnâi gyfeillion o bob math o gyd-Wyddyl. Gellir dychmygu'r mwynhâd a gâi ef wrth chwedleua â'r dynion hyn, yn adrodd storïau hyd oriau mân y bore, a gellir bod yn sicr hefyd mai am Iwerddon y sgyrsient a mawr y diddanwch a gaent.

Yn Llundain y dechreuodd athrylith Ó Conaire flodeuo a dwyn ffrwyth. Yn Llundain y dechreuodd lenydda. Dechreuodd gystadlu mewn cystadlaethau llenyddol dan nawdd Cynghrair yr Wyddeleg. Er bod anian y llenor ynddo o'r dechrau, i'r Cynghrair y mae'r diolch am ei wneud yn llenor yn yr Wyddeleg. Dywedir mai o reidrwydd y dechreu-odd ysgrifennu, a hynny yn Saesneg, ar awgrym rhyw gyfaill od o Wyddel o'r enw Thomas Boyd a oedd ei hun yn dipyn o fardd; ond yn ffodus i'r Wyddeleg diflannodd y gŵr hwnnw o'i fywyd heb fod sôn amdano byth mwy ac ni chafodd Ó Conaire, ei demtio mwyach i lenydda yn Saesneg.

Gan i Ó Conaire adael Conamara yn ei lencyndod nid yw'n debyg bod chwedlau llên gwerin ei wlad wedi cael llawer o effaith arno. Roedd yn fwy rhydd felly i 'dorri rhaff y traddodiad a oedd yn tagu ein hysgrifenwyr', a defnyddio'i eiriau ef ei hun. Rhaid ei fod wedi darllen yn eang ac y mae mwy o ddylanwad storiwyr y cyfandir arno nag o ddylanwad y storïwyr Gwyddelig. Mae dylanwad Daudet a Guy de Maupassant e.e. i'w ganfod yn amlwg arno, ac yn ôl Máirtín Ó Cadhain mae agweddau o'i waith yn dwyn i gof Dostoevsky, ond nid oedd Peter O'Leary a Padraig Pearse hwythau heb eu dylanwad arno hefyd. Astudiasai weithiau meistri'r stori fer a daeth yntau yn ei dro yn feistr tebyg arni.

Dros hanner can mlynedd yn ôl bu'r Athro W. J. Gruffydd yn traethu ar y stori fer. Yn ôl Gruffydd 'Bywyd yng nghanol amgylchiadau ydyw testun stori fer—un amgylchiad neu un gyfres o amgylchiadau a ddewis ei hawdur fel llwyfan i'w gymeriad. Un act ydyw, ac nid ydyw'n honni rhoddi ateb i broblem bywyd—rhyw ddigwyddiad diddorol ar y ffordd ydyw—yn dangos i raddau yr holl gwrs . . . y mae meistriaid y stori fer—Maupassant, a Tchekov a Tolstoi hefyd o ran hynny, yn ofalus neilltuol wrth ddewis y digwyddiad a fynnant ei ddangos inni. Cymerant bob amser y dig-wyddiad critical a chyfamserol hwnnw y bu yr holl fywyd yn arwain ato ac a liwia weddill oes dyn hyd at ei fedd . . . y mae'r nofel yn dangos Taith y Pererin drwy amser, y mae'r stori fer yn ei ddangos ar ryw ddiwrnod pwysig o'r daith; ac ar ôl y diwrnod hwnnw ni bu dim yn hollol yr un fath wedyn'. Cawn edrych yn nes ymlaen, ar rai o storïau Ó Conaire a'u hystyried yng ngoleuni'r diffiniad a geir uchod.

Yn alltud yn Llundain yr ysgrifennodd rai o'i storïau gorau e.e. *Páidín Mháir* a *Nora Mharcuis Bhig,* ac yn ystod y cyfnod hwn (ym 1910) y cyhoeddwyd ei nofel *Deoraid-heacht* sy'n disgrifio treialon a themtasiynau Gwyddel ifanc yn y ddinas. Sonia un beirniad am yr angerdd 'dychrynllyd' o blaid yr iaith Wyddeleg a'r bywyd Gwyddelig a'i gwnaeth yn un o'r ysgrifenwyr Gwyddeleg mwyaf. Yr angerdd yma a'i hachubodd rhag gwneud yr hyn a wnaeth cynifer o'i gyd-wladwyr athrylithgar, sef llenydda yn Saes-neg, er eu bod yn gwybod Gwyddeleg ac yn gallu ysgrifennu yn yr iaith. Nid oedd ysgrifennu yn yr Wyddeleg yn talu ffordd ac aberthodd llawer eu gallu yn yr iaith i fyw'n gyffyrddus os nad yn fras ar eu henillion drwy ysgrifennu yn Saesneg. Ond nid felly Pádraic Ó Conaire.

Pan gychwynnodd y Rhyfel Mawr yn Awst 1914, bu'n rhaid i Pádraic ystyried yn ofalus beth a wnâi. Fel llawer o Wyddyl eraill yn Llundain daeth i'r penderfyniad mai Iwerddon oedd piau ei deyrngarwch ef a phenderfynodd adael ei swydd yn y Gwasanaeth Sifil a dychwelyd i'w wlad ei hun. Dychwelodd i Iwerddon lle'r oedd rhyw fywyd newydd cyffrous yn ymystwyrian, i wlad y gallai ei charu'n fwy angerddol nag erioed. Roedd wedi gadael ei swydd a phenderfynodd nad oedd yn mynd i gymryd swydd arall—ddim hyd yn oed yn Iwerddon. Penderfynodd fyw ar ysgrifennu a hynny yn yr Wyddeleg yn unig, a rhoi ambell wers ynddi os digwyddai fod galw. Prin iawn, fel y gellid disgwyl, fu ei enillion fel llenor yn yr Wyddeleg ac am weddill ei oes profodd ddygn dlodi. Newidiodd ei ddull o fyw yn gyfan gwbl. Penderfynodd grwydro Iwerddon o ben bwy gilydd a gwnaeth hynny nes ei fod, fel crwydryn, yn adnabyddus ym mhob cwr o'r wlad. Crwydrodd fel math o dramp ar hyd a lled y wlad gan gysgu yn ei gwd-cysgu yn yr awyr agored ac eithrio pan oedd y tywydd yn rhy arw neu'n rhy oer. Codai babell i'w gysgodi weithiau ac ar un adeg roedd ganddo asyn du a chert iddo. Yn ôl Mr. Myrddin Lloyd, 'daeth i adnabod Iwerddon—ei dolydd, ei mawnogydd, bryniau, ffyrdd a'i phobl fel tor ei law'. Aml yw'r straeon difyr amdano. Ceir sôn amdano yn arwain gafr wrth linyn trwy Grafton St., Dulyn—un o strydoedd-siopa mwyaf ffasiynol y ddinas, stryd y crachach—ac yno, o bob man, yn prynu letus i'r afr mewn siop wych ac yn bwydo'r anifail ar y pafin! Nid rhyfedd y wên gellweirus y tybiem ein bod yn ei chanfod wrth edrych ar ei gerflun yn Galway.

Yn ystod blynyddoedd y crwydro ni bu'n segur. Ysgrifennodd lawer i bapurau newyddion a chyfnodolion—a rhai llyfrau ar gyfer ysgolion. Cyhoeddodd lawer o storïau ac ysgrifau. Enwir pymtheg o'i lyfrau storïau gan yr Athro Caerwyn Williams.

Roedd ganddo ddawn i bortreadu golygfeydd a chymeriadau a hynny heb fod yn rhy aml-eiriog. Mae rhyw rinwedd arbennig ym mhob un o'i storïau; fe dâl eu darllen drachefn a thrachefn. Y tu allan i Ddulyn, Conamara a apeliai ato fwyaf. Ysgrifennai am ei brofiadau amryfal, atgofion yn aml, ond tynnai ar ei ddychymyg hefyd am y bobl ysmala y cyfarfu â hwy yn y tafarnau a'r ffeiriau. Roedd yn sylwedydd craff a sylfaenwyd mwyafrif ei storïau ar ei sylwadaeth ei hun o'r byd o amgylch. Gallai droi'r deunydd a gâi o ddigwyddiadau cyffredin yn rhywbeth diddanus. Gallai ysgrifennu am y ddinas yn ogystal ag am y wlad ac y mae i'w waith ryw hoywder a swyn—a digon o hiwmor weithiau. Mae ei dosturi a'i adnabyddiaeth o'r natur ddynol yn amlwg. Mae'n hoff o ddiweddglo eironig, annisgwyl i stori. Roedd rhyw ledneisrwydd a charedigrwydd cynhenid yn perthyn iddo. Gwelir ynddo hefyd rywbeth o hen agwedd y Gwyddel tuag at fywyd—rhywbeth naturiol ond tyngedfennol a dramatig gyda sylweddoliad dwfn o harddwch mewn anifail a pherson. Carai natur yn angerddol a daeth i adnabod creaduriaid maes a choedwig nes ei fod bron fel rhyw Ffransis o Assisi newydd a'r creaduriaid yn ymddiried ynddo ef os gwir yw'r hyn a ddisgrifia, ac y mae pob arwydd mai'r gwir ydyw. Gallwn briodoli llawer o gyfaredd ei ysgrifau i'r cariad hwn a'r ddealltwriaeth hon.

Buddiol, efallai, fydd sylwi ychydig ar yr hyn a geir yn rhai o storïau Ó Conaire. Cymerer e.e. y stori *Persain Braw*. Adroddir y stori hon yn y person cyntaf ac fel hyn y mae'n dechrau: 'Ni chredaf y dylai dyn ddweud y gwir, y gwir i gyd, a dim ond y giwr ar *bob* adeg (meddai cyfaill i mi'n ddiweddar) ac fe ddeëlli di pam os gwrandewi ar y stori fach hon yr wyf ar adrodd', ac yna eir ymlaen i ddweud y stori.

132

Trasiedi yw'r stori, a'r digwyddiad critical (chwedl Gruffydd) oedd dweud wrth hen ŵr o Ffrancwr y gwir plaen na fedrai'r hen ŵr gerddoriaeth ac nad oedd unrhyw obaith iddo ei medru byth. Yng ngeiriau'r storïwr, 'Gwyddwn y noson honno fy mod wedi torri calon hen ŵr'. Canlyniad hyn oedd i'r hen ŵr ei grogi ei hun o ganllaw'r grisiau—'yr oedd yn farw a rhaff o hemp am ei wddf'. Stori yn null Maupassant yw hon. Trasiedi hefyd—yn bedair rhan—sydd yn y stori *Lwc*. Anlwc a ddaeth i bawb yn y stori hon ond i'r un sy'n adrodd y stori yn y person cyntaf. Sonnir am dri chyfaill yn cuddio ar lan y traeth ac yn ceisio meddwl am ryw ffordd i fynd gyda Tom Bach yn ei fad heb iddo wybod hynny. Ychydig o berygl oedd i Tom adael iddynt fynd gydag ef. Cludo moch ar ei fad a wnâi Tom y diwrnod hwnnw gan fod ffair foch yng Ngarumna. Roedd ganddo saith neu wyth o foch mewn sachau. Yn absenoldeb Tom, aeth y tri chyfaill i mewn i'r bad ac ni chymerodd nemor amser iddynt ffeindio ychydig o sachau gweigion. 'Rwan, gymdeithion', ebr fi, 'dyma'r tric y meddyliais i amdano—mynd i mewn i'r sachau ac aros yn berffaith lonydd ymysg y moch ar waelod y bad hyd oni byddwn allan yn y dwfn'. Nid oedd y tri wedi ysytried y byddai Tom yn gwybod sawl mochyn oedd ganddo yn y bad. Penderfynwyd na allai ond dau aros ar y bad mewn sachau ac i un ddychwelyd i'r lan. Y cwestiwn oedd pwy oedd yn mynd i aros ar ôl ar y lan. Nid oedd yr un ohonynt yn fodlon. 'Tynnwn yr hwya'i docyn amdani', ebr fi a setlwyd ar hynny. Yr un sy'n adrodd y stori a dynnodd y bonyn hwyaf. Gadawodd y ddau arall ar y bad. Daeth Tom y cychwr—a phum teithiwr gydag ef. Ni sylwodd Tom fod ganddo chwaneg o foch ar y bwrdd. Cododd yr hwyl ac i ffwrdd â'r bad a'r gwynt o'i ôl. Y trasiedi yw na ddaeth neb yn ôl: boddodd pawb. Roedd popeth a ddigwyddodd cyn y digwyddiad trychinebus hwn fel petai'n arwain tuag ato ac yn sicr nid oedd dim yr un fath wedyn. 'Roeddit yn lwcus', meddai mam wrthyf . . . 'Onibai i mi dynnu'r bonyn hwyaf', ebe fi. 'Oni bai hynny, mi fyddai ar ben arnat'. Yn y stori hon ceir enghraifft dda o ddewis gofalus o ddigwyddiad tynged-fennol ei natur.

Trasiedi hefyd yw *Nel*, un o'r storïau gorau a mwyaf celfydd ei saernïaeth. *The Woman at the Window* yw teitl y stori hon yn ei throsiad Saesneg. Anodd yw meddwl am well esiampl nag a geir yma o Satan yn cymryd meddiant o berson; mae yma bortread campus o eiddigedd a dialedd difaol, o ddiffyg tosturi creulon i'w ryfeddu a diweddglo annisgwyl a thrychinebus ofnadwy. Mae'r stori hon fel llawer o rai eraill yn gyson â diffiniad W. J. Gruffydd o stori fer. Trasiedïau eto yw *Y Wraig a Welodd Ofid, Y Darn Papur, Y Gwau* a *Padi Mari.*

Ond nid trasedïau yn unig yw storïau Ó Conaire. Mae digon o hiwmor yn rhai ohonynt. Y mae'n amlwg i'r awdur gael llawer o hwyl wrth ysgrifennu *Enaid yr Esgob*. Gellir dychmygu ei chwerthin wrth sôn am y Sais anwybodus a ddychmygai fod gwraig gan yr esgob Pabyddol hwn. Stori Wyddeleg ei chefndir a'i hanes, ym mhob modd yw hon.

Gwyddyl go iawn yw'r cymeriadau yn y dafarn, ond yn anad dim stori sy'n dangos sut y darganfu esgob ei enaid ar y bryn pan edrychai i lawr ar Ddulyn, a Dulyn ar dân, stori sy'n dangos sut y darganfu'r esgob ei fod yn Wyddel (adeg Gwrthryfel 1916). 'Esgob wyf i; na thybier fy mod yn was y llywodraeth', meddai ef ar bapur i'w ddanfon at wŷr y fyddin a fynnai i'r esgob ffrwyno offeiriad gwlatgar'. Mae gan Ó Conaire saith o storïau yn ymwneud â'r Gwrthryfel.

Stori yn gyforiog o hiwmor yw *Sais ar Ben Mynydd* a'r awdur yn ei elfen yn cael sbri o ddychan ar draul y Sais e.e. 'Edrychwch ar y Saeson heddiw: mae'n arfer ganddynt hwy olchi eu corff â dŵr, ac oni ddywedasoch wrthyf gynnau am sefyllfa druenus eu gwlad heddiw? Pam y mae'r saith bechod marwol yng nghalon pob un ohonynt? Am ei bod yn arfer ganddynt wlychu eu croen, wrth gwrs'. Gellid mynd yn fanwl trwy storïau Ó Conaire a'u dadansoddi a dangos eu rhagoriaethau.

Hyfrydwch pur yw darllen yr ysgrifau. I mi yr odidocaf ohonynt yw *Edifeirwch y Byd*. Dyma ychydig linellau i gyfleu ei hansawdd: 'Nid oedd sŵn i'w glywed ond y twrw hwn a oedd i fyny yng nghangau uchaf y gastanwydden, rhywbeth mawr trwm yn disgyn i lawr o frigyn i frigyn yn araf ac yn fygythiol yng nghanol llonyddwch y nos . . . A minnau'n gorwedd yno o dan y coed yng nghanol y nos, daeth dychryn dros fy nghalon. Ond nid dychryn daearol mohono o gwbl ond arswyd rhag galluoedd ysbrydol nas deallwn. Yr oedd yn syrthio i lawr, yn syrthio i lawr o hyd, a'r twrw a wnâi yn cynyddu fel y tybiais fod angel sbeitlyd blin yn taflu sêr ataf am nad oeddwn yn ffyddlon i'm henaid fy hun. O'r diwedd syrthiodd y peth wrth f'ymyl. Ar garreg y syrthiodd, a'r fath dwrw a wnaeth yng nghanol llon-yddwch y nos! Ond nid oedd y peth ond castan, yr olaf un ar y goeden, mi goeliaf'. Mor wahanol i'r disgrifiad a geir gan Tennyson:

> 'And only thro' the faded leaf
> The chestnut pattering to the ground'.

Gwreiddiol a syfrdanol braidd yw diwedd gorfoleddus *Edifeirwch y Byd*: 'A myfi fy hun, ymysgydwais, ochneid-iais, llefarais... 'O Dduw Mawr y Gogoniant!' meddwn i... Edrychais ar y seren a oedd ynghrog yn y wybren yn y dwyrain: edrychais ar y goeden a ollyngodd ei chastan olaf: edrychais lle'r oedd yr aderyn yn llefaru'n ofidus ar y brigyn.

'O Dduw Mawr y Gogoniant!' meddai'r seren.
'O Dduw mawr y Gogoniant!' meddai'r aderyn.

Ac yna dyrchafwyd fy nghalon a'm henaid fel y dywedais innau mewn llais dihewydus uchel:

> 'O Dduw Mawr y Gogoniant!'

Ac yna daeth tangnefedd i'm meddwl drachefn.''

Gwnaeth Mr. Myrddin Lloyd a'r Athro Caerwyn Williams gymwynas fawr iawn â'r Gymraeg drwy drosi storïau ac ysgrifau Ó Conaire. Mae'n hen bryd eu hail gyhoeddi gan fod gennym genhedlaeth newydd bellach, y mae gwaith Ó Conaire yn gwbl ddieithr iddynt, ac oherwydd bod ei storïau a'i ysgrifau yn eu diwyg Cymraeg yn gyfraniad pwysig i'n llenyddiaeth.

Bu farw Pádraic Ó Conaire yng Ngward y Tlodion mewn ysbyty yn Nulyn ym mis Hydref 1928, a thrist yw meddwl am y llenor hwn a gyflwynodd ei hun yn gyfan gwbl i lenyddiaeth Wyddeleg nad oedd ar ei elw ond pibell, owns neu ddwy o dybaco ac afal. Canwyd marwnad iddo gan F. R. Higgins a chyfieithwyd hi i'r Gymraeg gan Mr. Myrddin Lloyd. Dyfynnaf y tri phennill olaf:

Fe welir eisiau'i ffon a'i gam yn Wicklow,
  Ei straeon bywiog yn Heol y Tafarn Gwin
Hen ddynion yno'n eistedd gyda'r hwyrddydd
  Ar ei ffraethineb gwiw a gadwai fin.
Chwi wragedd ar laswelltog ffyrdd yn Galway,
  Ofer eich disgwyl iddo roi cam ymlaen,
Ni chlywir sŵn ei droed pan ffy'r cysgodion
  Trwy fwâu ddwg i gof hen wychder Sbaen.

'Un arall', meddant, 'ydyw hon o deithiau Padrig;
  Aeth y tro hwn i lennydd gwynder nef,
Ac yno daw i dafarn sy'n gorlifo
  O eiriau'r braff Wyddeleg, doeth eu llef,
Ac ynni meddwl ei gyndeidiau berddig—
  Eneidiau a luniodd ein holl fawredd ni—
Gwŷr dawnus, asient long fel cân, a medrent
  Gyfrin saernïaeth cân, fel hwylio llong ar li'.

Gwae fod yr angau'n duo memrwn gwyn ei dalcen,
  Ond câr y pridd o hyd, mi wn, o'r ddaear fwyn,
Ni fedr cyffro gwair dan wyntoedd Medi
  Byth aflonyddu ar ŵr a wyddai'u cwyn.
Am hynny, yfwch iddo bawb yn siriol
  Ddiod wrth fodd ei lygaid gynt,
Mae'r fflamau'n ymgwnselan wrth y pentan—
  Na chlywed wylo ond gan gynnar wynt.

136

Pennod XIII

OLIVER

Y mae ffasiwn mewn enwau fel sydd mewn llawer o bethau eraill, a thua dechrau'r ganrif hon a chyn hynny roedd Oliver yn bur boblogaidd fel enw bedydd. Mae'n debyg mai parch i goffadwriaeth Oliver Cromwell, yr 'Anghydffurfiwr Mawr', oedd yn gyfrifol am hyn—yng Nghymru, beth bynnag. Rhaid i mi gyfaddef bod y Cromwell hwn yn dipyn o arwr yn ein tŷ ni hefyd, er nad aeth fy rhieni mor bell â galw un o'u meibion ar ei ôl ychwaith. Roeddem yn falch o'i dras Gymreig a'r ffaith mai Oliver Williams fyddai ei enw onibai i un o'i gyndeidiau newid yr enw Williams i Cromwell gan obeithio drwy hynny y câi ddyrchafiad sylweddol yn ei yrfa a'i statws cymdeithasol—mor nodweddiadol o un teip o Gymro sydd gyda ni o hyd. A chan fod Oliver Cromwell wedi brwydro yn erbyn brenin mor ffôl a ffals â Siarl I, roeddwn i fy hun, pan oeddwn yn fachgen ysgol, yn bleidiol iawn i Oliver, er nad oeddwn heb ddarllen bod rhai pethau digon ysgeler yn ei hanes yntau hefyd. Pan ddechreuais ymweled ag Iwerddon, sylweddolais yn fuan fod gan y Gwyddyl eu barn hwythau am Oliver Cromwell. Ces enghraifft o hynny pan glywais fam yn dwrdio'i phlentyn direidus drwy alw 'Melltith Cromwell' ar ei ben. Hir yw cof y Gwyddyl ac y mae gweithredoedd anfad Cromwell yn Iwerddon a'r erchyllterau a gyflawnwyd ar y Pabyddion o'i herwydd ef wedi gwneud ei enw yn anathema i bob Pabydd da.

Un diwrnod cefais enghraifft o farn offeiriad Pabyddol ar yr hen Oliver. Fel hyn y digwyddodd. Rai milltiroedd y tu allan i Ddulyn mae lle braf rhwng creigiau i ymdrochi yn y môr. Gelwir ef wrth yr enw 'Forty Foot' ac yno, un bore braf, yr euthum. Roedd mynediad i'r lle yn rhad ac am ddim ond sylwais wrth fynd i mewn mai 'Dynion yn unig' a ganiateid yno. Clywais fod lle i 'Ferched yn unig', heb fod nepell i ffwrdd, ac nid dyna'r enghraifft gyntaf a gefais, o bell ffordd, o Biwritaniaeth llawer o Babyddion Iwerddon. Tybiaswn y byddai llawer yn ymdrochi yno ar dywydd mor hyfryd, ond pan gyrhaeddais i nid oedd ond rhyw ddau neu dri yn nofio. Cerddais at fin y dŵr a sylweddolais nad am ddim y gelwid y lle yn 'Ddeugain Troedfedd'; hyd yn oed yn ymyl y lan roedd y dŵr yn ddwfn iawn. Lle i nofwyr cryf profiadol oedd hwn, ac nid lle i un fel myfi. Gan fod y tywydd yn poethi penderfynais mai'r peth gorau y gallwn i ei wneud yn yr amgylchiadau fyddai torheulo. Pan oeddwn yn dechrau tynnu fy nillad dyma haid o fechgyn ifainc, tua'r ugain oed, yn cyrraedd, pob un yn ei siwt glerigol ddu a'i goler crwn, gwyn, a phob un yn cario o dan ei fraich dywel a gwisg nofio. Myfyrwyr o ryw goleg-paratoi-offeiriaid oeddynt, ac yr oedd yn dipyn o syndod i mi eu bod i gyd yn llawn hwyl a sbri, a minnau bob amser wedi meddwl y byddai eu bath hwy yn sicr o fod yn ddwys a thawel a hir-wynebog. Ryw funud neu ddwy ar eu hôl hwy, dyma hen ŵr o offeiriad yn cyrraedd, yntau hefyd yn ei wisg glerigol ddu ac yn cario tywel a gwisg ymdrochi. Prifathro athrofa'r myfyrwyr neu abad oedd ef, debygwn i, rhywun pwysig yn ddi-os. Y ffordd orau i'w ddisgrifio yw dweud ei fod mor debyg ag efaill i gyn-Archesgob Caer-gaint, yr Archesgob Ramsey, dyn mawr, trwsgl, afrosgo ond yn wên o glust i glust. Hen ŵr mwyn, heb amheuaeth—bron na ddywedwn yng ngeiriau'r gân, 'yr hen ŵr mwyna 'rioed'. Eisteddodd wrth fy ochr a thynnu ei ddillad a gwisgo'i wisg nofio. Edrychai'n graff arnaf ac yr oedd yn amlwg ei fod yn tynnu ei linyn mesur drosof. Aeth ei gywreinrwydd yn drech nag ef a dyma fe'n troi ataf ac yn dweud:

'Dych chi ddim yn un ohono' ni?'

'Beth ych chi'n feddwl?' meddwn i.

'Wel, 'dych chi ddim yn Wyddel nac yn Americanwr—ydych chi'n un o'n Ffydd ni?' meddai yntau. Esboniais wrtho fy mod yn Gymro a bod gennym feddwl uchel o'r Gwyddel ac nad oeddwn yn Babydd. Gofynnodd wedyn,

'Wel, beth ych chi 'te?'

'Annibynnwr ydw-i,' atebais.

'Annibynnwr!' meddai a'i olwg yn profi ei fod mewn cryn benbleth, 'chlywais i erioed amdanyn nhw. Beth ydyn' nhw?'

Mi ges innau dipyn o syndod fod offeiriad o Gristion heb erioed glywed am fy nghangen i o'r Eglwys Gristnogol, a phetrusais ennyd cyn mynd ymlaen â'r sgwrs. Efallai mai rhyw dipyn o ddiawlineb a'm meddiannodd i ar y foment hon oherwydd yr hyn a ddywedais wrth yr hen ŵr oedd,

'Rwy'n siŵr eich bod wedi clywed am yr Annibynwyr—'r un fath ag Oliver Cromwell, 'wyddoch'.

Edrychai'r hen ŵr fel pe bawn wedi'i daro. Rwy'n credu iddo ymgroesi ac yn sicr dywedodd yn gyffrous rywbeth fel,

'Mair Fendigaid a'm gwaredo, 'dych chi ddim yn un ohonyn' nhw?'

'Ydw, rhywbeth yn debyg,' meddwn i.

'Wel, wel; wel, wel;' oedd ei unig ateb i hyn; ac wedyn, ar ôl rhyw funud o ymdrech i'w adfeddiannu ei hun, rhoes ragor o fynegiant i'w syfrdandod, 'ac i feddwl fy mod wedi byw mor hen â hyn ac yn awr wedi cwrdd ag un o'r un gredo ag Oliver Cromwell.'

Edrychai'n syn arnaf a dyna 'Wel, wel,' arall oddi wrtho, ond yn sydyn dychwelodd y mwyneidd-dra ynghyd â rhyw wyleidd-dra i'w wyneb ac ebe ef,

'Ond dyna, maen nhw i gyd—Cromwell a'r rhai y bu mor greulon wrthyn' nhw—wedi'u hen gasglu at eu tadau erbyn hyn; Duw roddo hedd i'w heneidiau bob un'.

Fy nhro i bellach oedd synnu. Dyma offeiriad o Babydd yn dymuno gorffwysfa dawel hyd yn oed i un o elynion pennaf ei eglwys ef. Cyn i mi gael amser i ddweud fy mod yn edmygu ei ysbryd mawrfrydig, cododd a cherddodd i ymyl y dŵr a neidiodd i mewn. Roedd yn nofiwr rhagorol, cystal â'r gwŷr ieuainc. Troes unwaith i edrych tuag ataf gan wenu'n siriol a chodi ei law mewn math o gyfarch. Pan welais yr adwaith cyntaf ar yr hen ŵr, rhaid i mi gyfaddef fy mod wedi teimlo braidd yn euog i mi enwi Cromwell o gwbl, ond wedi canfod bod yr offeiriad mor llariaidd ei ysbryd teimlwn yn falch i mi ei wneud. Pan ddaeth yr hen ŵr allan o'r dŵr roedd amryw o'r gwŷr ieuainc gydag ef ac ni chefais gyfle arall i gael sgwrs ag ef—hen offeiriad y gallai Iwerddon fod yn falch ohono.

Os Oliver, y Protestant, a orfu yn Iwerddon, bu Oliver arall yn llai lwcus; ac Archesgob Pabyddol oedd yr Oliver arall hwn—Oliver Plunkett, Archesgob Armagh. Ganed ef yn Loughcrew, swydd Meath, ym 1629, addysgwyd ef gan mwyaf yn Rhufain a chrogwyd ef yn Llundain, yng Ngorffennaf 1681, ar gyhuddiadau o 'gynllwynio', cyhuddiadau sy'n ddigon cynefin i rai ohonom ni Gymry, erbyn hyn. Ond, wrth gwrs, y gwir reswm am ei ddienyddio oedd ei fod yn Babydd selog, dylanwadol ac yn Bennaeth ar Eglwys Rufain yn Iwerddon. Peryglus iawn oedd bod yn Babydd yn y dyddiau hynny. Ar ôl crogi Plunkett torrwyd ei ben a'i freichiau i ffwrdd. Mae'r corff, ar ôl ei gladdu yn Eglwys St. Giles in the Fields, Llundain, ac wedi hynny mewn mynachlog yn yr Almaen, erbyn hyn yn Downside yn Lloegr. Dygwyd y pen a'r breichiau a'r dwylo i Rufain a chadwyd hwy'n ddiogel yno hyd 1721. Yn y flwyddyn honno agorwyd yn Drogheda, Iwerddon, Gwfaint Lleianod Sant Dominic dan ofal Catherine Plunkett, aelod o'r un teulu ag Oliver, a chafwyd caniatâd i drosglwyddo'r pen i'r Cwfaint, ac yno y bu hyd 1921 pan drosglwyddwyd ef i

Eglwys Goffa'r Bendigedig Oliver Plunkett yn Drogheda lle gwelodd fy ngwraig a mi y pen. Cedwir ef mewn cas gwydr wedi'i oleuo gan drydan. Synnem ei fod yn ben mor fach. Nid yw'n llawer gwell na phenglog erbyn hyn ond bod croen fel lledr drosto. Roedd llawer yn yr eglwys ar y pryd, ac ymddangosai i mi fod y rhan fwyaf ohonynt megis wedi'u hud-ddenu gan y pen. Roedd rhai ohonynt yn ymgroesi o'i flaen, ond barnwn mai Protestaniaid oedd mwyafrif yr ymwelwyr. Er hynny, dangosai pawb y parch dyfnaf i'r merthyr a fu farw mor ddewr dros ei Ffydd. Os gallai offeiriad o Babydd ddymuno hedd i enaid Oliver Cromwell, gallai eraill nad oeddynt Babyddion ddymuno hedd i Oliver Plunkett yntau. Ym 1920 dyrchafwyd Oliver Plunkett i fod yn 'Fendigedig', ond erbyn hyn mae wedi ei ganoneiddio a'i wneud yn 'Sant', fel y gwnaed â rhai o ferthyron amlycaf yr Eglwys Babyddol yng Nghymru.

Pennod XIV

BRENDAN BEHAN

Fel Sean O'Casey o'i flaen roedd Brendan Behan yn hoffi meddwl amdano'i hun fel plentyn un o slymiau Dulyn. Mae'n wir i'r ddau gael eu geni mewn tai-slym heb fod ymhell oddi wrth ei gilydd, ond am Brendan Behan, o leiaf, nid oedd ei amgylchiadau mor wael ag yr hoffai i bobl feddwl. Mae pob math o chwedlau, megis gyda Dylan Thomas, wedi tyfu o amgylch enw Brendan Behan, ac yr oedd y ddau ar rai ystyron yn debyg i'w gilydd, y ddau'n athrylith a'r ddau'n meddwi'n barhaus nes troi'n alcoholig ac yfed eu hunain i'w beddau cynnar. Trasiedi'r ddiod fu hanes bywyd a marwolaeth y ddau.

Ganed Brendan Behan, Chwefror 23, 1923, yn y slymiau mae'n wir, ond mam-gu Brendan oedd berchen y tŷ ac yr oedd ganddi res o dai eraill hefyd. Roedd yn ddigon cefnog i ganiatáu i rieni Brendan fyw yn y tŷ yn ddi-dâl. Cafodd ei dad, Stephen Behan, addysg dda a'i fwriad ar y cyntaf oedd mynd yn offeiriad ond nid oedd ganddo lawer o uchelgais, ac yr oedd yn ddigon parod i roi'r gorau i'r syniad er mwyn ymgymryd â gwaith peintio tai. Teulu diwylliedig oedd teulu Kathleen Kearney, mam Brendan Behan. Er mai cyfyng oedd hi arnynt yn ariannol roedd ganddynt draddodiad o ddysg, o gerddoriaeth, baledi a barddoniaeth. Ewythr Brendan Behan, Peadar Kearney, brawd ei fam, a ysgrifennodd Anthem Genedlaethol Iwerddon—Cân y Milwr—a cherddi eraill, ac yr oedd ganddo swydd bwysig ynglŷn â

Theatr yr *Abbey*. Mewn gwirionedd, teulu wedi dod 'lawr yn y byd oedd teulu rhieni Behan, ac yr oedd olion yr hen foneddigrwydd i'w canfod ar brydiau. Ewythr drwy briodas oedd goruchwyliwr y *Queen's Theatre* ac y mae mab hwnnw. Seamus de Burca, yn haeddu sylw fel dramodydd. Yng nghartref Stephen Behan roedd ymwybyddiaeth gyffredinol o ddiwylliant eang, yn enwedig o lenyddiaeth a cherddoriaeth. Un o'i brif arferion pan oedd y meibion yn ifanc oedd darllen iddynt ddarnau o'i hoff awduron. Dyna sut y daeth Brendan i wybod gyntaf am lyfrau fel *The Pickwick Papers,* nofelau Zola a Galsworthy, storïau Maupassant a Dyddiadur Pepys. Dywedir bod Stephen Behan wedi darllen y rhagymadrodd i *John Bull's Other Island* mor aml i'r bechgyn fel y gwyddai Brendan ef ar ei gof erbyn ei fod yn ddeuddeg oed. Gallai'r tad ganu'r ffidil, roedd yn gwybod Ffrangeg ac yr oedd yn hoff o actio wrth adrodd ei storïau.

Roedd y fam yn dipyn o actores hefyd yn ei bywyd bob dydd a chanddi gryn ystôr o ddiwylliant. Cododd ei phlant (roedd ganddi ddau fab o'i phriodas gyntaf yn ogystal â thri mab o'r ail briodas), i wybod pob math o faledi, hen a newydd, i wybod hanes Iwerddon ac yn arbennig hanes ei gwrthryfela, ac efallai, yn fwy na dim, fe'u dysgodd i gasáu Lloegr. Roedd ganddi lais swynol, ac yr oedd yn hoff o ddiddanu'r plant drwy ganu iddynt bob math o ganeuon. heb anghofio emynau a chaneuon gwladgarol. Roedd yn hoff hefyd o fynd â'i phlant o amgylch Dulyn i ddangos iddynt y lleoedd a ystyriai'n hanesyddol bwysig, ac iddi hi lleoedd yn gysylltiedig â llên neu â gwrthryfelwyr Iwerddon oedd bwysicaf oll. Dangosodd i'w phlant, e.e. y tŷ lle ganed Sheridan a chartrefi'r Deon Swift ac Oscar Wilde yn ogystal â lleoedd a gysylltir â gwrthryfelwyr fel Robert Emmet, Edward Fitzgerald a Wolfe Tone, heb sôn am y gwrthryfelwyr diweddar. Byddai'n anodd gorbwysleisio dylanwad ei rieni ar Brendan Behan. Roedd ei gartref yn llawn llenyddiaeth. Roedd un o'i hanner brodyr yn perthyn i Glwb Llyfrau'r Chwith a deuai â llyfrau gan Shaw. Puschcin, Eugene O'Neill ac Orwell i'r tŷ; a phrynai'r hanner brawd arall lyfrau a gymeradwyid gan yr *Irish Times* e.e. rhai gan Hemingway, J. B. Priestley a Graham Greene. Roedd gan Brendan Behan lyfrgell helaeth felly, a gwnaeth yn fawr ohoni.

Gadawodd Brendan yr ysgol yn bedair ar ddeg oed i fod yn beintiwr' tai fel ei dad. Os oedd unrhyw un yn haeddu addysg uwchradd, Brendan Behan oedd hwnnw ac ym mhen blynyddoedd yr oedd i edliw i'w dad na roddodd iddo well addysg; ond ar y pryd roedd y bachgen Brendan yn ddigon parod i fynd i ennill cyflog er mwyn cael arian yn fwy na dim i ddiota. Ond os na roddodd Stephen Behan addysg dda i'w feibion fe'u cynysgaeddodd ag anianawd y llenor. Erbyn ei fod yn ddeuddeg oed ysgrifennai Brendan yn gyson i gylchgrawn y *Fianna* (mudiad bechgyn i'w meithrin yn wrthryfelwyr), ac i bapurau oedolion fel *The Wolfe Tone Weekly* a *The United Irishman.* Drwy'r *Fianna* y daeth y bachgen yn gyfarwydd â diwylliant gwledig Iwerddon, ac yng nghlybiau'r Gweriniaethwyr yn Nulyn a'r tafarnau clywodd Wyddeleg am y tro cyntaf yn cael ei siarad fel iaith naturiol ac nid fel iaith gwers ysgol.

Roedd Brendan yn ffefryn gan ei fam-gu, a oedd hithau yn hoff iawn o'r ddiod. Ymhell cyn ei fod yn ei ar-ddegau, dan ddylanwad y fam-gu hon, gwyddai'r bachgen beth oedd bod yn feddw chwil. Y fam-gu a gâi'r bai gan fam Brendan am ei droi'n feddwyn. Gwraig eithriadol iawn oedd y fam-gu hon, a hefyd y fam-gu arall yn y teulu, sef nain yr hanner brodyr. Pan oedd honno'n tynnu at ei phedwar ugain oed danfonwyd hi i garchar am dair blynedd am gynorthwyo Byddin Weriniaethol Iwerddon sy'n fwy cyfarwydd inni fel yr I.R.A. Yr un diwrnod cafodd un o'i merched ei dedfrydu i bum mlynedd a merch arall i ddwy flynedd o garchar. Roedd y teulu'n gynefin â mynd i garchar oherwydd eu gweithredoedd dros y Gweriniaethwyr, ac yng ngharchar Kilmainham yr oedd Stephen Behan pan aned ei fab Brendan. Ymunodd Brendan ei hun yn ifanc iawn â'r I.R.A., a rhwng ei un ar bymtheg a'i ddwy ar hugain oed, ac eithrio chwe mis, treuliodd ei holl amser yng ngharchar. Pan oedd yn un ar bymtheg daliwyd ef yn Lerpwl â ffrwydradau yn ei feddiant. Dywedir mai ei fwriad oedd bomio llong ryfel. Y bachgen ei hun yn hytrach na'r I.R.A. a benderfynasai fod yn rhaid iddo daro ergyd dros yr 'achos'. Y canlyniad oedd ei garcharu am dros ddau fis ar remand yng ngharchar Walton. Erbyn hyn gŵyr amryw o oreuon ein cenedl ni beth yw bod tu mewn i furiau'r carchar hwnnw.

Ymddengys i mi fod Brendan Behan wedi cael amser go galed oherwydd y ffrae a ddilynodd ei gyfweliad anffodus â'r offeiriad Pabyddol, a oedd yn Sais rhonc. Bygythiodd hwnnw ei ysgymuno oni thorrai Behan ei gysylltiad â'r I.R.A. Roedd hynny'n fwy nag y gallai'r llanc un ar bymtheg oed ei ddioddef. Roedd yn grefyddol iawn ar hyd ei oes, a phrotestiodd yn arw, ond ni chydsyniodd â'r offeiriad a theimlai'n chwerw iawn oherwydd y canlyniadau. Pan ddaeth ei achos gerbron y llys eto dedfrydwyd ef i dair blynedd o Borstal.

Bu yng Ngharchar Feltham am fis cyn ei ddanfon i Sefydliad Borstal newydd yn Hollesley Bay yn Suffolk. Ym mhen blynyddoedd cyfaddefai Behan mai'r cyfnod hwn yn Borstal oedd un o gyfnodau hapusaf ei fywyd oherwydd bod y Llywodraethwr yn anghyffredin o oleuedig a theg, a'r offeiriad Pabyddol yn Eidalwr. Am y tro cyntaf yn ei fywyd daeth Behan i sylweddoli y gellid cael Sais a haeddai barch ac edmygedd, syniad newydd iddo ef. Yn Hollesley Bay roedd llyfrgell dda a chafodd Behan fenthyg llyfrau gan Thomas Hardy, Maugham, D. H. Lawrence, James Joyce, ac eraill yn ogystal â chyfrolau o farddoniaeth a beirniadaeth.

Wedi'i ryddhau ni bu'n hir cyn dod eto i drafferth a'r tro hwn eto cafodd ei ddal a dedfrydwyd ef, yn Iwerddon yn awr, i bedair blynedd ar ddeg o garchariad yng ngharchar Mountjoy ar gyhuddiad o geisio saethu plismon; ond yn y pardwn gwleidyddol cyffredinol ym 1946 cafodd ei ryddhau. Ar ôl hynny restiwyd ef ddwywaith wedyn, y tro diwethaf ym 1952.

Nid anffawd i gyd fu ei garchariad ym Mountjoy. Caniateid breintiau arbennig i garcharorion gwleidyddol. Caent, e.e. wisgo eu dillad eu hunain a mynd i mewn ac allan o gelloedd ei gilydd. Caniatâi'r Llywodraethwr i Behan gael llyfrau, papur, pin-ysgrifennu ac inc, ac unrhyw beth arall y dymunai ei gael. Gwnaeth y carcharor lawer o ysgrifennu, ac i'w galonogi gwahoddodd y Llywodraethwr yr awdur adnabyddus Sean O'Faolain, golygydd y misolyn *The Bell,* i ymweled ag ef. Daeth O'Faolain droeon a'r canlyniad oedd cyhoeddi yn *The Bell, The Experiences of a Borstal Boy,* yr erthygl gyntaf a ysgrifennodd Behan o ddifrif. Ym Mountjoy yr ysgrifennodd Behan ei ddrama gyntaf, *The Landlady.* Bwriedid ei pherfformio yn y carchar ond roedd cymaint o regfeydd ynddi a chynifer o gyfeiriadau at buteiniaid a phuteindai fel y llwyddodd y carcharorion gwleidyddol eraill i rwystro perfformio'r ddrama. Yn ddiweddarach newidiwyd hi gan Behan a throswyd hi ganddo i'r Wyddeleg a'i danfon i Gyfarwyddwr Theatr yr *Abbey.*

Yn y carchar un o ffrindiau agosaf Behan oedd Sean O'Briain, athro-ysgol o swydd Kerry. Roedd O'Briain yn siaradwr Gwyddeleg campus a chanddo hefyd wybodaeth eang o draddodiad barddonol yr Wyddeleg, a gallai adrodd llawer o gerddi. Cafodd ddylanwad pwysig ar Behan. Dysgodd iddo siarad Gwyddeleg nid yn unig yn dda, ond yn gwbl rugl a throsglwyddodd iddo ei wybodaeth a'i frwdfrydedd. Daeth Behan i garu'r Wyddeleg a'i llenyddiaeth. Hoffai'n arbennig storïau Pádraic Ó Conaire. Gwnaeth *An t-Oileanach* argraff ddofn arno hefyd. Ym Mehefin, 1943, symudwyd y carcharorion gwleidyddol o Mountjoy i garchar Arbour Hill a thri mis wedyn i wersyll milwrol y Curragh. Yma eto cafodd Behan y cyfle i wneud yr hyn a ddymunai â'i holl galon. Cynhelid pob math o ddosbarthiadau—Gwyddeleg, Ffrangeg, Hanes a Llenyddiaeth. Rhoddid rhai o'r gwersi a'r darlithiau gan athrawon Prifysgol a mynychai Behan y dosbarthiadau a apeliai ato. Roedd ei Wyddeleg mor dda fel y tybiai llawer ei fod wedi siarad yr iaith o'r crud. Daeth i wybod ar ei gof lawer o gerddi Gwyddeleg yr ail ganrif ar bymtheg a'r ddeunawfed.

Wedi gadael y carchar aeth ar ymweliadau mynych â'r rhannau o Iwerddon lle siaredir Gwyddeleg. Teimlai'n hollol gartrefol yn Ynysoedd Blasket, yn Dingle ac yng Nghonamara. Cafodd groeso brwd yno, a'i dderbyn gan y werin Wyddeleg ei hiaith a rhoddodd hynny foddhad mawr iddo. Am chwe blynedd wedi gadael y carchar roedd yr Wyddeleg yn obsesiwn arno. Ynddi hi yn unig yr ysgrifennai, a rhwng 1945 a 1950 gwnaeth enw iddo'i hun gyda'r cerddi a ysgrifennodd i'r cylchgronau Gwyddeleg a chyhoeddwyd dwy ohonynt mewn blodeugerdd o gerddi Gwyddeleg ym 1950. Ef oedd yr ieuangaf o feirdd y gyfrol honno. Dylanwadwyd arno fwyaf gan dri bardd o Munster,—un o'r ail ganrif ar bymtheg, un o'r ddeunawfed ac un o'r bedwaredd ganrif ar bymtheg—David O'Brucdair, Eoghan O'Sullivan a Brian Merriman.

Ar ôl rhai misoedd o ryddid yr oedd eto yng ngharchar, y tro hwn yn Strangeways, Manceinion am bedwar mis, y rhan fwyaf o'i amser yn unigrwydd ei gell. Wedi ei ryddhau, penderfynodd fynd i Baris i fod yn ysgrifennwr proffesiynol a chyfarfu â Camus a dod yn gyfeillgar ag ef. Cyfarfu hefyd â Samuel Becket. Er ei fod yn dechrau ymddisgyblu fel llenor, roedd Behan weithiau'n dal i fyw'n afradlon, fel pe bai gartref. Yn Nulyn yr unig bryd yr ysgrifennai'n gyson oedd pan oedd yng ngharchar, ond yn awr, rhwng y pylau o feddwi, fe weithiai'n galed. Roedd yn bump ar hugain oed ac yn dechrau gweithio ar ysgrifennu fel crefft ac nid fel hobi. Erbyn iddo ddychwelyd i Ddulyn ym 1950 nid siaradwr diddan, huawdl a fwriadai fod yn llenor ydoedd ond llenor dawnus a siaradus. Cyhoeddodd rai storïau mewn cylchgronau, megis *A Woman of no Standing* yn *Envoy 1950* a *The Confirmation Suit* yn y *Standard* ym 1953. Ystyria rhai fod *The Confirmation Suit,* gyda'i phortread o fywyd y dosbarth gweithiol yn Nulyn, yn debyg i Maupassant ac efallai mai dyma'r peth gorau a wnaeth erioed.

Ym 1951 soniodd mewn llythyr iddo ddechrau ysgrifennu llyfr ar ei brofiadau yn Borstal, *Borstal Boy,* a chyhoeddwyd y gwaith ym mhen chwe blynedd. Bu'n llwyddiant eithriadol, a daeth ag enwogrwydd mawr i'r awdur. Dywedodd Kenneth Tynan am Behan, 'Os yw'r Saeson yn casglu geiriau fel cybyddion mae'r Gwyddyl yn eu gwario fel morwyr. Brendan Behan, bardd-ddramodydd afreolus Dulyn yw un o'r rhai sy'n gwario fwyaf ers y Sean O'Casey ifanc. Mae iaith Behan yn sbri o swagro masweddus.' Cafodd glod uchel yn y *Times Literary Supplement,* maswedd neu beidio, ac yn yr *Observer.* Gwaith o wir athrylith ydoedd ym marn y beirniaid. Yn ôl Frank Swinnerton yr oedd fel nofel gan Victor Hugo ac yn waith meistraidd.

O1950 ymlaen enillodd Brendan Behan ei fywoliaeth drwy ysgrifennu. Roedd ganddo ddwy ffynhonnell y gallai ddibynnu arnynt am incwm, sef yr *Irish Press* a *Radio Éireann.* Gofynnodd *Radio Éireann* iddo ysgrifennu sgriptau ar gyfer y rhaglen *Ballad Maker's Saturday Night,* a bu'n canu yn y rhaglen hefyd, a daeth ei lais tenor swynol yn adnabyddus i filoedd o Wyddyl. Etifeddodd liaws o faledi oddi wrth ei fam a'i ewythr, a phan ganai yn yr Wyddeleg neu yn Saesneg, sylwyd nad oedd byth yn defnyddio sgript.

Awgrymwyd iddo ysgrifennu dramâu radio tebyg i'w storïau. Y canlyniad oedd dwy sgets, *Moving Out* a *The Garden Party,* ac er eu byrred profodd y rhain fod gan Behan dalent tu hwnt i'r cyffredin i ysgrifennu dramâu.

Ym 1953 gofynnodd golygydd yr *Irish Press* iddo ysgrifennu colofn i'r papur dair gwaith yr wythnos. Gan fod llenorion o fri fel Lennox Robinson yn ysgrifennu colofnau i'r papur, roedd hyn yn gryn anrhydedd ac yn gydnabyddiaeth o'i allu. Ysgrifennai am Ddulyn, y ddinas a adwaenai, a châi bum punt yr wythnos am ei lafur, swm a oedd yn ffortiwn i Behan yn y dyddiau hynny. Yn ystod y cyfnod hwn hefyd âi yn ôl ac ymlaen weithiau i Ffrainc ar deithiau smyglo, a rhoes ei brofiadau fel smyglwr ddeunydd iddo ysgrifennu nofel *The Scarperer* a ymddangosodd gyntaf fel stori-gyfres yn yr *Irish Times.* Ychydig a feddyliai Behan o'i nofel, a sylweddolodd na allai byth ennill bri rhyng-genedlaethol iddo'i hunan oni allai ysgrifennu nofel neu ddrama dda.

Ym 1954 gorffennodd ddrama a'i gwnaeth yn enwog. Roedd wedi ysgrifennu braslun ohoni ym 1946 pan oedd yn garcharor yn y Curragh. Yn yr Wyddeleg yr ysgrifennwyd hi'n wreiddiol dan y teitl *Casadh Sugain Eile* (Troi Rhaff Arall), cyfeiriad at *Casadh an t-Sugan* (Troi'r Rhaff) Douglas Hyde, y ddrama Wyddeleg gyntaf i gael ei pherfformio. Gwrthodwyd y ddrama gan yr *Abbey* ac felly ail-wampiodd ac ail-ysgrifennodd Behan hi yn Saesneg a'i chynnig eto, ond gwrthodwyd y trosiad Saesneg hefyd gan y rhan fwyaf o theatrau Dulyn. O'r diwedd derbyniwyd hi gan y *Pike Theatre,* a'i pherfformio o dan y teitl *The Quare Fellow.* Bu'n llwyddiant o'r dechrau, a pharhaodd am chwe mis yn Nulyn. Ar ôl hynny perfformiwyd hi yn Llundain gyda llwyddiant tu hwnt i bob disgwyliad.

Drama am garchar yw *The Quare Fellow.* Yr olygfa yw carchar yn Iwerddon yn ystod y pedair awr ar hugain cyn dienyddiad—crogi'r *quare fellow.* Nid yw'r *quare fellow* yn ymddangos ar y llwyfan, ond ef er hynny yw'r cymeriad pwysicaf. Nid oes stori yn y ddrama, ond mae'r awdur yn adeiladu tyndra drwy ddangos ymateb y gwahanol gymeriadau yn y ddrama i'r dienyddiad: ymateb gwarchodwyr a'r effaith ar y crogwr ei hunan, a ddygwyd drosodd yn arbennig o'i dafarn yn Lloegr i gyflawni'r gorchwyl, hyd y foment pan arweinir y *quare fellow* i'r crocbren, a'r cloc yn taro wyth. Dyma ddrama eithriadol iawn ac nid rhyfedd iddi fod mor llwyddiannus. Yn ddiweddarach perfformiwyd hi yn Efrog Newydd yn un o theatrau enwocaf y byd.

Wythnos ar ôl dechrau perfformio *The Quare Fellow* yn y *West End* yn Llundain cytunodd Behan i ymddangos ar raglen *Panorama* y B.B.C. mewn cyfweliad gyda Malcolm Muggeridge. Yn ystod yr ymarfer rhoddwyd potelaid o wisgi i Behan gyda'r canlyniad alaethus iddo ymddangos ar y rhaglen yn garbwl feddw. Yn hanner effro ac yn gymysglyd ei feddwl rhoddai atebion hurt a thrwsgl i gwestiynau Muggeridge, er i hwnnw wneud ei orau i ddehongli'r atebion a gwneud rhyw fath o synnwyr ohonynt. Dyma un o'r cyfweliadau rhyfeddaf a fu erioed ar y B.B.C. Canlyniad y cyfweliad yma oedd gwneud Behan yn 'arwr' y clybiau a phob tafarn, ac wrth gwrs âi mwy a mwy i weld ei ddrama. Dychwelyd i Iwerddon a wnaeth Behan, mynd ar sbri arall o feddwi ac ysgrifennu drama arall.

Er mai yn Saesneg y bu *The Quare Fellow* mor llwyddiannus, mae'n arwyddocaol mai yn yr Wyddeleg eto yr ysgrifennodd Behan ei ddrama newydd *An Giall*. Perfformiwyd hi gyntaf yn Nulyn ym Mehefin 1958. Gwelwyd ei phosibiliadau a chyfieithwyd hon eto i'r Saesneg, gyda'r teitl *The Hostage*. Cafodd lwyddiant mawr a chynhyrchwyd hi yn Llundain ym 1958 a 1959, ac ym Mharis ym 1959. Ar ôl ei lwyddiant gyda *The Hostage* y cyhoeddwyd *Borstal Boy,* y llyfr a dywedwyd amdano, 'it took the world by storm'. Roedd Behan erbyn hyn yn adnabyddus ar ddau gyfandir. Rhaid bod ei waith wedi talu'n dda iddo. Beth bynnag, cafodd gyfle i deithio. Gallai Paris yn ogystal â Llundain, Berlin a Stockholm, Efrog Newydd a San Ffransisco, Montreal a Dinas Mecsico dystio iddo ef fod yno. Roedd galw mawr am ei waith a chyhoeddwyd amryw lyfrau eraill, e.e. *Brendan Behan's Island*. Bu'r llyfr hwn eto yn llwyddiant llenyddol ac ariannol. Ynddo cawn ei farn ar Ddulyn ac ar Ogledd Iwerddon, ar Ynysoedd Aran a Galway ac ar siroedd y De. Ond y bobl, y cymeriadau yn hytrach na'r lleoedd a gaiff ei sylw. Llyfrau eraill ganddo oedd *Hold Your Hour and Have Another, Brendan Behan's New York* a *The Confessions of an Irish Rebel*. Roedd yn rhy wael ei iechyd i ysgrifennu na theipio'r llyfrau diwethaf hyn. Bu'n rhaid eu gosod ar dap, ond yr oeddynt yn llyfrau da er nad oedd ynddynt ond ychydig os dim newydd.

Ddiwedd Rhagfyr 1963 cafwyd Behan yn gorwedd wedi'i anafu yn un o ystrydoedd Dulyn. Gadawodd yr ysbyty yn gynnar yn Ionawr 1964, ond bu'n rhaid iddo ddychwelyd ym Mawrth gan ei fod yn dioddef o amryfal afiechydon a'r cyfan wedi'u gwneud yn llawer gwaeth oherwydd ei ddiota. Bu farw Mawrth 20, 1964, yn 41 oed.

Ym marwolaeth Brendan Behan collodd Iwerddon fab afradlon, ond hefyd athrylith. Carai Iwerddon a'r Wydd-eleg a'i llenyddiaeth yn angerddol. Yn ei ddramâu a'i storïau crëodd lawer o gymeriadau nodedig, ond ei gymeriad rhyfeddaf oedd ef ei hun. Bellach, yn rhinwedd ei waith llenyddol, ei weithredoedd gwrthryfelgar a stranciau ei feddwdod daeth yn rhan o chwedloniaeth Iwerddon.

PENNOD XV

MARY O'SHEA

Nid oes neb yn Iwerddon heddiw yn gwybod dim am y wraig hon nac wedi clywed amdani. Hyd yn oed pan oedd byw, ychydig iawn a wyddai amdani ac nid yw'n debyg i'w pherthnasau, os oedd ganddi rai, gadw mewn cysylltiad â hi. Un o'r werin oedd hi ac ymhlith y tlotaf o'r tlodion ac eto mae'n haeddu lle yn y gyfrol hon fel un y gall Iwerddon fod yn falch ohoni. Daeth i Gymru yn weddol ifanc ac onibai am hynny byddai pob sôn amdani wedi darfod gan ei bod yn ei bedd ers dros bedwar ugain mlynedd.

Ym mhrif stryd Abergwaun heddiw saif Eglwys yr Enw Sanctaidd, sef eglwys y Pabyddion. Ond tua diwedd y ganrif ddiwethaf nid oedd nac eglwys nac ysgol Babyddol yn y lle ac ychydig iawn oedd nifer y Pabyddion. Roedd yno o leiaf un Babyddes o Wyddeles—hen wraig weddw dlawd o'r enw Mary O'Shea. Yn y dyddiau hynny, niwlog ac annymunol braidd i werin Abergwaun oedd popeth cysylltiedig ag Eglwys Rufain. Ni wyddent nemor ddim amdani ac ymgasglodd cryn dipyn o ofergoeliaeth yn narfelydd pobl yr ardal am y Pab ac am ddefodau ei Eglwys a phan sylweddolwyd bod Pabyddes wedi dod i drigo yn eu plith ni ellid peidio ag edrych arni fel un anghyffredin o od. Gan fy nhad y cefais i fy ngwybodaeth amdani. Clywodd yntau pan oedd yn fachgennyn yn Abergwaun lawer iawn am yr hen wraig.

Gan hyfryted ei chymeriad aethai ei chrefyddoldeb yn beth diarhebol yn yr ardal. Ymfalchïai mewn gonestrwydd fel y dydd, a'i Ffrind pennaf, fel y gallai ei chydnabod dystio oedd y 'Gŵr gofidus a chynefin â dolur', ei 'blessed Jesus', chwedl hithau. Yn ei blynyddoedd olaf, yn arbennig, clywid hi'n ynganu'r Enw annwyl hwnnw yn amlach na'r un gair arall. Ni chlywid dim amdani nad oedd yn dda ac anrhydeddus.

Brodor o Tipperary yn Iwerddon oedd Mari Shê fel y gelwid hi gan bawb. Bu farw ei phriod yng Nghaerfyrddin ym 1850 a bu hithau fyw dros ddeugain mlynedd ar ei ôl. Ni wŷr neb pa bryd y daeth i Abergwaun ond yr oedd yn byw yno yn y flwyddyn 1868. Mae'n debyg mai gwerthu pysgod o ddrws i ddrws a wnâi Mari yr adeg hon ond yn ddiwedd-arach yn ei bywyd ceisiai gadw corff ac enaid wrth ei gilydd drwy werthu "ffrils a ffrals" a les, pinnau a nodwyddau a rhyw fân bethau cyffelyb. Bu sôn am flynyddoedd am ym-weliad Edward Matthews Ewenni ag Abergwaun—a'r dirwnod arbennig hwnnw y daeth yno i hyrwyddo Cronfa Coleg Trefeca—a phwy a ddigwyddodd ei weld ond Mari. Rhaid bod ei olwg a'i osgedd tywysogaidd wedi gwneud argraff anghyffredin arni a phan wybu pwy ydoedd a pha beth oedd ei neges, mynnai hi, y Babyddes selog, roddi iddo swllt o'i thlodi at y casgliad. Gellir yn hawdd ei chyffelybu i weddw yr hatling gynt. Gwyddai Mari yn eithaf da am ddaioni a haelioni y Tad Mathew a'r teulu Gwyddelig o dras Gymreig yr oedd ef yn aelod ohono. Fel apostol dirwest y cofir yn bennaf am y Tad Theobald Mathew. Gwnaeth grwsâd dros yr achos ar hyd a lled Iwerddon a gweithiodd yn galed tu hwnt hefyd yn ystod y Newyn Mawr gan wneud unrhyw beth a allai i helpu'r trueiniaid. Soniodd rhywun wrth Mari O'Shea fod rhyw gysylltiad achyddol rhwng Edward Matthews a'r Tad Mathew ac fe'i cyffrowyd gymaint pan glywodd hynny fel, pe gallai, y byddai wedi rhoi Iwerddon gyfan iddo.

Mewn stryd o'r enw Hottipass yng nghartref Ruth y Capau y trigai Mari. Gweddw dawel, bruddglwyfus braidd, oedd Ruth, hithau hefyd yn gyfyng iawn ei hamgylchiadau ac yn ennill tipyn o fywoliaeth drwy wneud y capiau les gwyn a wisgid gan bob Cymraes yn yr ardal yn y dyddiau hynny. Arferai fy nhad pan oedd yn fachgen bach alw yn nhŷ Ruth i gael cap les i'w nain ond erbyn hynny roedd Mari O'Shea wedi cyrraedd oedran mawr ac wedi ei chaethiwo i'w gwely. Credai pobl Abergwaun fod gan Mari ei harch yn barod yn y tŷ yn Hottipass. Dywedai rhai mai o dan y gwely y cadwai'r hen wraig ei harch, credai eraill mai yn y 'dowlad' yr oedd, ond boed hynny fel y bo, y mae un peth yn sicr na welodd fy nhad ddim o'r fath beth yn y tŷ er iddo alw yno droeon a chadw'i lygaid yn agored. Mae'n hollol wir, er hynny, fod Mari, flynyddoedd cyn ei nychdod olaf wedi dewis man ei bedd ym mhen uchaf mynwent Hermon, Abergwaun, y Fynwent Newydd fel yr oedd yr adeg honno, ac wedi talu am ddodi carreg yno ac arysgrifen ar y garreg—y cyfan yn barod. Y cwbl a wnaed wedi iddi farw oedd ychwanegu'r dyddiad a'i hoed. Carreg fechan ddi-nod ydyw, ond heddiw ar ôl dros bedwar ugain mlynedd mae'r garreg honno mewn cyflwr perffaith. Dyma a ddywed y garreg:

I.H.S.

In Memory of Mary O'Shea, Parish of Grange Moakler, County Tipperary who died April 9th 1892 aged 89 years. And widow of John O'Shea, who died at Carmarthen in the year 1850.

Pray for us R.I.P.

Mae'n siŵr mai ar y garreg hon y gwelodd nifer o bobl Abergwaun y llythrennau I.H.S. ac R.I.P. ar faen coffa gyntaf erioed. Uwchben y blaenaf cerfiasid llun croes tu mewn i ryw fath ar ffurf tarian. Bu plant yr ardal yn aml yn ceisio dyfalu beth a arwyddent. Edrychent arnynt fel rhyw 'ddirgeledigaethau dyfnion'. Pethau cyfriniol tu hwnt oedd yr I.H.S. a'r R.I.P. a'r groes a'r darian ar faen coffa Mari

O'Shea. Fel y gwelir, Gwyddeles o'r iawn ryw oedd Mari a 'Thipperariad' yn yr hon nid oedd dwyll. Mynnodd arddel swydd ei geni hyd yn oed ar garreg ei bedd.

Pan fu farw Mari nid oedd offeiriad Pabyddol yn nes na Hwlffordd a 'Phab' oedd unig enw hwnnw i hen frodorion Abergwaun. Er bod Mari O'Shea yn ei hen ddyddiau yn barod i dderbyn geiriau cysurlawn gweinidog Ymneilltuol, teimlwyd gan yr ychydig ffyddloniaid fod rhaid cael y 'pab' o Hwlffordd i weinyddu yn ei hangladd. Felly pan fu farw Mari gwysiwyd yr offeiriad hwnnw i Abergwaun. Er bod yr amgylchiad yn un trist nid oedd heb ei ddiddordeb i'r dref. Dywedwyd a chredwyd gan y rhai mwyaf ehud fod rhywrai wedi rhoi morthwyl, a channwyll a phisyn tair yn yr arch gyda Mari—y darn arian, mae'n debyg, fel ychydig dâl am gludiad yr enaid duwiol at ddorau'r nef, y gannwyll i oleuo ychydig ar ddüwch y ffordd a'r morthwyl i guro'r drws a deffro Pedr at ei ddyletswydd!

Daeth llawer Gwyddeles i fyw yn Abergwaun ar ôl dyddiau Mari O'Shea ac erbyn hyn mae gan Eglwys Rufain lawer o ffyddloniaid yn y lle. Nid drwg o beth fyddai i rai ohonynt gadw mewn cof y weddw dlawd o Tipperary a fu mor ffyddlon ar ychydig ac a enillodd barch cymdogaeth gyfan. Gall Tipperary ac Iwerddon fod yn falch o'r greadures dlawd hon.